U0563258

Judicial Review of
Antitrust Decisions:
A Jurisdiction Perspective

反垄断司法审查的管辖

王小梅 著

社会科学文献出版社
SOCIAL SCIENCES ACADEMIC PRESS (CHINA)

目录 CONTENTS

导 言 …… 1
 一 研究的缘起 …… 1
 二 研究意义 …… 8
 三 研究现状 …… 11
 四 主要研究方法 …… 14

第一章 反垄断司法审查管辖的基本理论 …… 16
 第一节 反垄断与反垄断司法审查 …… 16
  一 反垄断立法 …… 16
  二 反垄断执法体制 …… 21
  三 反垄断司法审查 …… 23
 第二节 反垄断司法审查管辖的概念与范围 …… 27
  一 域外司法管辖制度与概念 …… 27
  二 中国司法管辖制度及存在的问题 …… 42
  三 反垄断司法审查管辖的概念与范围 …… 50

第二章 域外反垄断司法审查管辖模式 …… 54
 第一节 普通法院模式 …… 54
  一 普通法院模式的含义和特征 …… 54

二　普通法院模式的成因分析 ………………………… 62
第二节　专门法院模式 …………………………………………… 72
　　一　专门法院模式的含义和特征 ……………………… 72
　　二　专门审模式的成因分析 …………………………… 84
第三节　行政法院模式 …………………………………………… 88
　　一　行政法院模式的含义和特征 ……………………… 88
　　二　行政法院模式的成因分析 ………………………… 92
小结：域外反垄断司法审查管辖的共性与启示 ………………… 93
　　一　共性 ………………………………………………… 93
　　二　启示 ………………………………………………… 93

第三章　我国反垄断司法审查管辖模式选择 …………………… 97
第一节　制约因素 ………………………………………………… 97
　　一　我国现行反垄断行政执法体制 …………………… 98
　　二　我国固有的司法审查管辖制度 …………………… 108
第二节　行政法院模式的非现实性 …………………………… 111
　　一　学者关于设置行政法院的理由 …………………… 112
　　二　对设置行政法院的理性思考 ……………………… 113
第三节　专门法院模式的可替代性 …………………………… 115
　　一　我国专门法院的设置现状 ………………………… 116
　　二　设置反垄断专门法院的弊端 ……………………… 118
　　三　反垄断专门法院的替代机制 ……………………… 119
第四节　选择普通法院上诉审管辖模式 ……………………… 122
　　一　存在的障碍及其克服 ……………………………… 122
　　二　整体设计 …………………………………………… 128

第四章　几种特殊情况下反垄断司法审查的管辖 …………… 131
第一节　地方反垄断行政案件的管辖 ………………………… 131
　　一　域外反垄断纵向分权 ……………………………… 131
　　二　我国地方反垄断执法权限 ………………………… 135

  三　管辖法院的确定 …………………………………… 141
第二节　反垄断行政复议案件的管辖 …………………… 142
  一　反垄断行政复议 ………………………………… 142
  二　反垄断复议机关的重构 ………………………… 144
  三　管辖法院的确定 ………………………………… 146
第三节　监管行业反垄断司法审查的管辖 ……………… 147
  一　反垄断与行业监管 ……………………………… 147
  二　我国监管行业反垄断执法权的归属 …………… 153
  三　管辖法院的确定 ………………………………… 156
结　语 …………………………………………………………… 157

主要参考文献 …………………………………………… 159

后　记 …………………………………………………… 169

导　言

一　研究的缘起

随着社会事务的日益复杂化和多元化，西方国家经历了从"立法国"到"司法国"再到"行政国"的转变过程。① 在"行政国"背景下，行政权力已经不再囿于古典政府起源理论下的维护秩序、安全等公共事务，其触角越来越向经济领域延伸，对经济进行干预。反垄断正是国家为了促进竞争、增加公共福利、保护消费者利益而干预经济的集中体现。19世纪末20世纪初美国率先制定了现代意义上的反垄断法，② 在其影响下，世界范围内共出现两次反垄断立法③高潮：一次是在二战后的欧洲④；一次是在20世纪90年代，主要是发展中国家和经济转型国家与

---

① "立法国""司法国"和"行政国"是西方公法学者依照国家任务的主要承担者的不同对国家划分的三种形式。由于行政立法、行政裁决以及行政权对人民日常生活进行干预的情况大量存在，西方国家不同程度地进入了"行政国"时代。参见陈新民《公法学札记》，中国政法大学出版社，2001年4月，第22~44页。
② 1890年《谢尔曼法》（Sherman Act），1914年《克莱顿法》（Clayton Act），1914年《联邦贸易法》（Federal Trade Commission Act）。
③ 反垄断法在不同国家有着不同的习惯名称：美国称之为"反托拉斯法"，日本称之为"公平交易法"（又称"禁止垄断法"），德国称之为"卡特尔法"（又称为"反对限制竞争法"），更多的国家称之为"竞争法"，本书在行文过程中使用的"反垄断法""反托拉斯法"和"竞争法"均具有同一语意。
④ 1957年德国《反对限制竞争法》，1947年日本《禁止私人垄断及确保公平交易法》，英国1948年《垄断与限制行为（调查与控制）法》，欧共体1957年《罗马条约》。

地区①，并且出现大量双边、区域和国际反垄断协定和组织②。在过去一个多世纪里，已有一百多个国家和地区制定了反垄断法，对不利于竞争、涉嫌垄断的经济行为进行规制，以促进竞争、维护公共利益。③

"徒法不足以自行"，反垄断法治发达的国家普遍建立了行之有效的反垄断法实施机制。由于反垄断法既规范经济主体之间的经营行为和消费行为，又渗透着国家公权力对经济生活的干预，这就使得反垄断法兼具私法与公法两种性质。因此，在反垄断法的实施过程中，存在两种执行体制，即平等民事主体之间通过损害赔偿诉讼的方式所进行的私人执行体制，和国家公权力机关对涉嫌垄断的企业进行调查、起诉，甚至自己作出裁决的公共执行体制。综合两种执行体制，按照裁决主体的不同，可分为司法模式和行政模式。司法模式是指司法机关（通常是法院）根据私人或者反垄断调查机构的起诉对涉嫌垄断的企业作出裁决（是否构成垄断，以及对垄断企业进行处罚或者对受垄断影响的企业或个人进行赔偿），法院在反垄断法的执行中起到主导作用。行政模式是指反垄断主管机关按照特定的行政程序对案件进行调查并作出裁决，行政权力在反垄断法实施中扮演重要角色。比较这两种执法模式，会发现司法模式存在以下三方面的弊端：首先，由私人提起反垄断赔偿诉讼存在私人取证困难、诉讼成本较高等问题，并且私人赢利动机容易导致偏离公共利益；其次，由反垄断权力机关基于公共利益提起的反垄断诉讼，虽然可以避免私人诉讼的上述弊端，但是由于法院裁决的事后性，商业经营者往往无法预期自己行为的后果从而导致在市场经营活动中无所适从；第三，反垄断案件本身具有较强的专业性和政策性，法官作为法律问题的专家，在对反垄断事实的认定方面没有具备专业背景和经验的行政执法人员准确、高效。鉴于上述三方面

---

① 1980年韩国《垄断规制与公平交易法》（Monopoly Regulation and Fair Trade Act），1992年台湾《公平交易法》。

② WTO多哈回合的谈判，UNCTAD（联合国贸易与发展大会）有关竞争问题，OECD（经合组织）竞争全球论坛，ICN国际竞争网络。

③ "International Competition Network: A Statement of Mission and Achievement Up until May – 2005", p. 2, http://www.international competitionnetwork.org; David Lewis, "South African Competition Law: Origins, Content, and Impact", in *Competition Law Tody: Concepts, Issues, and The Law in Practice*, edited by Vinod Dhall, Oxford University Press. 2007.

的原因，大多数国家与地区（如欧盟、英国、日本、韩国等）选择由反垄断主管机关对反垄断行为进行调查并作出裁决的行政模式作为反垄断执法的主要模式。① 就连司法制度高度发达、对行政权怀有天然恐惧和不信任的美国，随着反垄断司法实践经验的积累，也逐步认识到由专门的反垄断机构进行反垄断裁决的必要性。尤其是1911年"标准石油案"（Standard Oil）发展出来"合理原则"（rule of reason）之后，为了增强反垄断法的可预期性，降低反垄断"合理原则"带来的不确定性，美国在1914年便出台了《联邦贸易委员会法》（The Federal Trade Commission Act），成立联邦贸易委员会（FTC）作为反垄断专门机关，对涉嫌垄断的企业进行调查并作出裁决，从而确立了行政与司法的双重执法模式。

为了保障反垄断行政执法的有效性，反垄断主管机关往往被赋予广泛的调查取证和制裁的权力。按照法治原则，有权力必须有制约，反垄断执法权力亦不例外。为了防止反垄断执法权力的恣意行使，提高竞争主管机关的公信力，同时也为了维护相关当事人的正当权利，各国反垄断法一方面对反垄断的行政调查与裁决程序作了详细而周密的规定，另一方面引入司法审查，将反垄断的裁决置于司法控制之下。② 通常反垄断司法审查是指司法机关依照反垄断相对人或利益相关人的请求对反垄断裁决的合法性与适当性进行审查。本书所谓的反垄断司法审查仅指司法机关对反垄断执法机构作出的反垄断决定的审查，不包括反垄断执法过程中向法院申请调查令时受到的审查以及和解协议得到法院确认时受到的审查。③ 反垄断司法审查为反垄断法的正确实施提供了司法保障，同时也为利害关系人提供了一条司法救济途径。虽然，随着现代行政的发展，行政法的价值取向呈现多元化，但是由法院控制行政权力仍是行政法的核心内容。

---

① Dr. Wouter P. J. Wils, *Principles of European Antitrust Enforcement*, Hart Publishing, 2005, pp. 21, 118, 119.
② 如《联邦贸易委员会法》第5条以及德国《反对限制竞争法》第63条等。
③ 许多国家的反垄断执法机构在调查过程中会向法院申请调查令；美国反垄断执法机构执法过程中会与受调查企业达成和解协议，该和解协议需要得到法院的确认。这两种情况均存在司法权对行政权的审查，然而本书所研究的反垄断司法审查是指严格意义上的司法审查，即法院应当事人的请求对反垄断执法机构的决定或命令进行审查。

2008年8月1日我国《反垄断法》正式实施。与域外反垄断法相比，我国反垄断法对反垄断原则、垄断认定、损害的确定作出较为具体的规定，对于反垄断机构设置、反垄断调查与裁决程序规定得较为原则。在司法审查方面，虽然《反垄断法》第53条规定了行政诉讼作为反垄断行政执法的救济途径，但哪些反垄断行为应该受到审查、由哪个法院进行审查、审查到什么程度等并没有像其他国家那样明确规定。[①] 由于反垄断行政案件不同于普通行政诉讼案件，其自身具有较强的专业性、政策性和技术性，因此如何对之进行司法审查并不能简单依据现行的《行政诉讼法》。况且《行政诉讼法》在行政诉讼司法实践中暴露出诸多问题，不能满足反垄断司法审查实践的需要。因此，在如何实施《反垄断法》第53条规定的问题上，应该借鉴西方成熟经验，通过对我国反垄断执法以及司法体制进行实证研究，探索出一条既体现时代精神又具有前瞻性的司法审查路径。需要指出的是，本书研究的反垄断司法审查是指不服反垄断裁决的当事人请求法院审查反垄断执法机关的裁决行为，而不包括对行政垄断提起的行政诉讼。

反垄断司法审查制度本身是一个庞大的系统工程，包括司法审查范围、当事人资格、诉讼程序以及判决类型等，在这些问题中，实践中亟待解决的是反垄断司法审查的管辖问题，即由什么样的法院对反垄断案件进行司法审查。只有确定适当的管辖法院，才能有效地监督和控制行政权的行使，从而切实保障当事人的诉权、维护法律的正确实施。本书之所以选择以反垄断司法审查管辖为研究对象，除了管辖制度本身的重要性外，还主要是因为反垄断司法审查的管辖较为复杂，值得深入研究。对于普通行政案件，司法管辖问题可以按照诉讼法的规定加以确定，但是对于反垄断行政案件，从域外反垄断司法实践经验来看，司法审查的管辖纷繁复杂，具体到我国，由于反垄断执法刚刚起步，尚未成熟的执法体制也给司法审

---

① 美国《联邦贸易委员会法》（美国法典第15编第45节第c款）规定，"任何个人、合伙或公司，被委员会命令停止使用某种竞争方法或行为时，可以在收到命令的60日内，向使用该竞争方法地或行为地，或该个人、合伙或公司的居所地或营业地的上诉法院，提出书面申诉，请求法院审查并撤销这个命令……委员会关于事实的裁定如有实质性证据支持，将是最终的结论"。德国《反限制竞争法》（2005年第7次修订）第63~73条对抗告的管辖、期间、形式、当事人等作了详细规定。

查法院的确定带来很大的不确定性。

域外反垄断司法审查管辖的复杂性表现在以下三个方面：首先，整体上看，反垄断司法审查管辖法院类型多样，涉及普通法院（如美国）、行政法院（如我国的台湾）和专门法院（如英国）等不同的法院类型，甚至同一个国家内部存在两种类型的管辖法院（如法国的巴黎上诉法院和行政法院）。其次，就个体而言，许多国家的反垄断司法审查管辖对于其本国司法审查管辖制度来说也具有鲜明的特点。以德国为例，德国的行政法院闻名遐迩，其行政诉讼通常是由行政法院管辖，然而德国的反垄断行政案件却是由普通法院管辖。在实行司法一元化的日本，虽然其反垄断行政案件与其他普通行政案件一样由普通法院审理，但是日本普通行政案件通常先由地区法院作为初审法院，而反垄断案件则直接由东京高等法院专属管辖。再如韩国，行政诉讼案件一般由位于首尔的行政法院管辖，首尔高等法院则作为行政诉讼的第二审法院，然而，韩国公平交易委员会的决定却直接由首尔高等法院进行司法审查。至于法国，其反垄断司法审查的管辖法院更为特殊，与行政法院管辖行政诉讼的惯例不同，法国反垄断司法审查管辖实行双轨制，不同的反垄断案件类型分别由普通上诉法院和行政法院管辖。第三，鉴于反垄断案件本身的专业性和复杂性，许多国家成立专门法院管辖反垄断案件，实行专门审最为典型的是南非的竞争上诉法院、英国的竞争上诉法庭等。日本在东京高等法院设立竞争法庭，集中审理包括反垄断民事赔偿诉讼在内的反垄断案件，在一定意义上实现了专门审理。即使在未实行专门审的国家（如法国）也存在着关于成立专门反垄断法院的必要性的讨论。[1] 鉴于域外反垄断司法审查管辖的种种复杂情况，我国在处理反垄断司法审查的管辖问题时，要分析域外不同管辖模式背后的原因，吸收先进的经验，寻求适合我国反垄断执法实践的最佳路径。

在我国现有的执法体制下，反垄断司法审查管辖的确定存在三个方面的问题：其一，中央与地方反垄断执法权限不明确，影响地方反垄断司法

---

[1] "Droit d'Urgence" 协会主席 Mr. Denis Chemla 在 2003 年 12 月 5 日 "欧洲司法效率委员会"（CEPEJ）举行的会议上作的有关 "地域管辖"（Territorial Jurisdiction）的报告。

审查管辖的确定。《反垄断法》第10条第2款规定,"国务院反垄断执法机构根据工作需要,可以授权省、自治区、直辖市人民政府相应的机构,依照本法规定负责有关反垄断执法工作。"商务部、国家工商总局和国家发改委这三家反垄断执法机构的执法权如何延伸到省一级,是委托调查,还是授权作出反垄断裁决,都有待于在反垄断执法实践中进一步明确。省级是否设置反垄断执法机构,以及设置何种权限的执法机构都会使反垄断司法审查的管辖问题进一步复杂化。其二,反垄断司法审查管辖法院的确定还与行政复议制度有一定联系。按照《反垄断法》的要求,对商务部作出的"经营者集中"的裁决进行司法审查,必须先经过行政复议程序。根据《行政复议法》及其司法解释的规定,复议机关仍应该是商务部,这种由行政机关本身进行复议,尤其是对于反垄断这种专业性较强的案件,商务部是否有足够的人力资源进行重新审查值得怀疑。那么,在将来反垄断法的实施中,可以尝试着重构复议机关,比如像专利复审委员会那样,将反垄断委员会改造成为专门的复议机关。这么做,一方面可以让目前的反垄断委员会做到"虚实结合",另一方面通过专业的复议机关对反垄断事实部分的复审,让审查法院能够集中精力进行法律审。因此,反垄断行政复议机关重构也将会影响到反垄断司法审查管辖法院的确定。其三,我国反垄断执法机构除了上述三家执法机构之外,管制行业的监管机构也承担着一定的反垄断职能,反垄断执法权在反垄断执法机关与监管机构之间如何分配,也将会影响到司法审查时管辖法院的确定。

  选择反垄断司法审查的管辖作为研究课题,除了因为反垄断行政案件的管辖问题本身比较复杂之外,还因为管辖问题已经成为制约我国行政诉讼发展的瓶颈,是行政诉讼法亟待完善的环节之一。

  我国自1989年颁布《行政诉讼法》以来,行政诉讼有了较大发展,但实践中还存在一些问题,如"起诉受理难""审判不公"和"执行难"等。造成这些问题的原因很多,管辖是其中的一个重要原因,因为管辖制度设置得科学与否,将直接影响到行政案件的受理、审判乃至执行。关注行政诉讼管辖问题的学者通常认为,提高行政诉讼初审法院的级别、取消基层人民法院的行政诉讼管辖权是《行政诉讼法》修改的一个方向。还有学者认为更彻底的办法是建立独立的行政法院,以抗衡庞大的行政权力。① 作为回应，最高法院业已出台专门有关管辖的司法解释。② 诚然，在我国司法权还未能完全摆脱行政权干预的情况下，提高审级、取消基层法院管辖权，甚至建构专门的行政法院都不失为治愈行政诉讼司法不公的药方。然而，将提高审级归结于司法不独立并未抓住行政诉讼管辖制度的症结所在，毕竟，在司法高度独立的西方法治国家，从事司法审查的法院也一般都是级别较高的法院。以美国为例，"联邦政府进行司法审查最主要的法院是上诉法院"，"一切重要的行政决定，都由法律规定直接由上诉法院审查，不经过地区法院"。③ 提高审级固然可以增强管辖法院抗衡行政干预的能力，但还存在更深层次的原因。我国行政诉讼的级别管辖是沿袭民事诉讼的管辖设置，未考虑到行政诉讼与民事诉讼在审查对象上的区别。民事诉讼的审查对象是民事纠纷，初审法院要对当事人之间的纠纷的事实问题予以认定，并将相应的法律适用于所认定的事实。而作为行政诉讼的审查对象，行政行为本身就是行政机关通过认定事实、适用法律作出的，而法院则要审查行政机关认定的事实是否充分、适用法律是否正确。与民事诉讼不同，法院在行政诉讼案件中是第二次适用法律，因此管辖法院的确定不应该照搬民事诉讼的管辖体制，而应该考虑直接由较高级别的法院审查行政行为，尤其是审查专业性较强的行政案件。本书选择以"反垄断司法审查管辖"为题进行研究，除了要在主体部分提出如何建构我国反垄断司法审查的管辖体制之外，还要变换一下当前我国研究行政诉讼管辖制度的思路，从行政案件的专业性以及是否涉及对案件事实问题的审查等方面研究管辖问题。研究司法制度的具体问题本

---

① 马怀德：《行政审判体制重构与司法体制改革》，《国家行政学院学报》2004 年第 1 期；马怀德、解志勇：《行政诉讼案件执行难的现状及对策——兼论建立行政法院的必要性与可行性》，《法商研究》1999 年第 6 期；刘飞：《建立独立的行政法院可为实现司法独立之首要步骤》，《行政法学研究》2002 年第 1 期；李红枫：《行政诉讼管辖制度现状及对策分析》，《行政法学研究》2003 年第 1 期。当然，也有学者对设立行政法院持反对意见，见尹华容《论行政诉讼突围与行政法院》，载胡肖华主编《权利与权力的博弈》，中国法制出版社，2005，第 71～73 页。

② 2008 年 2 月 1 日起施行的《最高人民法院关于行政案件管辖若干问题的规定》对《行政诉讼法》第 14 条第 3 项规定的应由中级人民法院管辖的第一审行政案件作出司法解释，将重大、复杂的案件归属中级人民法院管辖。

③ 王名扬：《美国行政法》（下），中国法制出版社，2005 年 5 月第 2 版，第 586 页。

来应该在司法独立的前提和语境下展开，但是由于我国司法实践中还存在行政权的强势干预，因此许多问题的解决都集中在了"如何摆脱法外干预"上，而未抓住问题的本质。行政诉讼中的管辖问题就是这样一个例子，正如朱新力教授指出的那样，"承担'两便'功能（即方便当事人诉讼和方便法院调查执行）的行政诉讼管辖制度居然部分地担当起保障司法独立的角色"①，显然属于功能错位。因此，唯有继续推进以保障司法独立为导向的司法改革，构建独立的司法体制，我们所做的具体制度的研究才能更接近问题的本质。

综上所述，选择"反垄断司法审查管辖"作为研究主题，一方面是基于该问题本身的重要性与复杂性，另一方面也可以通过具体行政案件的管辖设置为我国行政诉讼管辖制度改革提供一种思路。同时，在具体梳理我国反垄断司法审查的"管辖"问题的过程中，也可以对"反垄断执法""反垄断复议机关重构""管制行业反垄断执法权的分配"以及"法院对事实问题的审查权"等热点问题展开论述，做到以小见大。

二 研究意义

（一）理论意义

1. 从程序的角度丰富反垄断法的研究

反垄断法是一部实体法与程序法并存的法律，当前我国经济法学者多是从实体法的角度来研究反垄断的相关问题，但对反垄断执法机构的设置与反垄断调查等程序问题的研究不够深入。本书则从司法审查管辖法院的确定这样一个点切入，对反垄断执法机构及其裁决程序进行微观分析。反垄断司法审查管辖法院的确定与反垄断执法机构及其裁决程序有密切的关系，通常，反垄断执法机构的独立性以及裁决程序的司法化程度越高，法院对反垄断裁决的审查程度会越低，采取较高级别的法院进行上诉审的可

---

① 朱新力、唐明良、葛宗萍：《行政诉讼异地交叉审判的启示》，《团结》2005年第3期。

能性也就越大。在对管辖问题的探讨过程中必然会关注反垄断执法程序,从而丰富有关反垄断法程序部分的研究。

2. 有助于深入理解"行政权与司法权"的关系

"司法权如何控制行政权、司法权与行政权的界限划分"始终是行政法学尤其是行政诉讼法学一个核心的理论问题,而"反垄断司法审查"则是从一个具体的领域来透视这一传统理论问题。并且,反垄断司法审查的管辖法院的确定,始终贯穿着"司法权如何才能有效监督行政权"这一理论线索,通过"管辖"这样一个微型视角更容易观察到反垄断司法审查背后行政权与司法权之间的微妙关系。

3. 有助于厘清司法审查制度中"管辖"的概念

由于法律制度与法律文化的巨大差异,英美法系与大陆法系以及我国使用的"管辖"一词的含义有很大差别。在我国,一般认为管辖是指人民法院之间受理第一审案件的权限和分工。[①] 也有学者认为这一定义将管辖权和审判权相分割,他认为受理权只是管辖权的一部分,还应该包括对案件的审判权。[②] 对于美国法使用的"jurisdiction"一词,有学者为了避免概念混淆,将之翻译为"司法权",它涵盖三个层次的问题:(1)国家与社会的关系;(2)国家机构之间的关系;(3)法院之间的关系。该学者进一步指出我国"管辖权"的内涵仅仅与"司法权"的第三层次含义相同。[③] 然而,美国法中确定管辖法院的步骤并不包括审判地(venue)的确定,美国法中"jurisdiction"所包含的法院之间的分工,仅指地区法院、上诉法院、巡回区法院、联邦最高法院之间的权限划分,相当于我们所指的级别管辖,因此我国诉讼法上的"管辖"相当于美国法中的"jurisdiction"的一部分加上"venue"。另外大陆法系使用"competence"这一术语来指管辖,其内涵外延也有不同。本书通过对域外法中有关"管辖"概念的梳理,试图扩展和丰富我国司法审

[①] 杨海坤、黄学贤:《行政诉讼基本原理与制度完善》,中国人事出版社,2005,第131页。

[②] 杨寅、吴偕林:《中国行政诉讼制度研究》,中国法制出版社,2001,第110页。

[③] 傅郁林:《司法权与管辖权——伯特尔政府协会诉国务院案点评》,来源:中国诉讼法律网 http://www.procedurallaw.cn/wgf/200807/t20080724_40800.html,最后访问时间:2009年5月12日。

查中"管辖"概念的含义。

4. 将行政诉讼法的研究引向深入

国内行政法学界从诉讼主体资格、司法审查范围、原则、举证责任以及判决类型等对行政诉讼制度进行了几乎是全方位的研究，但是对行政诉讼"管辖"的研究却较为单薄。对行政诉讼管辖的讨论多是从级别管辖的角度切入，希望通过提升管辖法院的级别，达到司法权对行政权的有效监督与制约。这种将管辖问题的症结集中在"管辖级别低"，并将"提高审级、异地管辖"视为解决管辖问题的出路的研究，并没有分析到"管辖"制度存在问题的深层次原因，未看到司法审查相对于民事诉讼的特殊性，解决问题的思路没有逃脱"依靠提高法院级别来摆脱行政干预"的思维模式。本书则在反垄断这一具体行政执法领域内集中研究司法审查管辖制度，梳理西方反垄断司法审查的管辖模式并分析其背后的制度原因，澄清管辖问题的本质。管辖制度也并非单纯的技术性问题，还渗透着诉权保护、审级制度重构等理论问题，从而将行政诉讼法的研究引向深入。

（二）实践意义

1. 我国反垄断司法实践的迫切需要

我国《反垄断法》确立的是行政主导型的实施机制，但实际上法院在反垄断法的实施中发挥着举足轻重的作用。一方面，法院通过受理反垄断民事诉讼案件，对受垄断行为侵害的主体进行损害赔偿救济，另一方面，通过对反垄断执法机关的行政行为的审查，保障反垄断法的正确实施。目前，为正确适用反垄断法，审理好与反垄断法相关的案件，最高人民法院业已发出通知，要求各级人民法院依法履行好审判职责，切实审理好各类反垄断案件。由于我国反垄断执法机构具有复合型和分散性的特点，我国《反垄断法》对司法审查只作了原则性规定，因此，究竟哪个地区、哪个级别的法院具有反垄断司法审查管辖权，成为反垄断司法实践首要解决的问题。目前，实务界对反垄断司法审查的管辖进行了积极探索，比如，上海市第二中级人民法院率先成立合议庭对反垄断案件实行专项审判。这种专门审的管辖模式是否具有示范性，是否符合国际潮流，学界应该对此作出积极回应。① 本书一方面应用比较分析方法对域外反垄断司法审查的管辖模式进行比较研究，借鉴有益的经验；另一方面从实证的角度，考察我国反垄断执法机构的运作状况，明确反垄断司法审查的管辖法院，为司法实践提供参考。

2. 应对行政诉讼法修改和司法改革的需要

面对现代行政的日益复杂化和专业化，20 世纪 80 年代末制定的《行政诉讼法》显然无法满足对行政行为进行司法审查的需要而亟待修改。随着行政法学研究的日益成熟，此次《行政诉讼法》的修改必须摆脱对民事诉讼制度设置的依赖，用司法审查自身的理论作为指导。就管辖问题而言，考虑到行政执法机关依照自身专业经验对反垄断实体问题认定的权威性，司法权在对行政行为进行审查时要给予行政判断一定程度的尊重，因此管辖法院应该是上诉法院而不应该是级别较低的法院。另外，司法审查各个环节之间存在有机联系，如司法审查的标准或程度对管辖制度的设计有着实质性影响，因此，行政诉讼法的修改应该在行政诉讼各项制度之间协同进行，以便保持逻辑上的一致和理论上的统一。

始于 20 世纪末由法院自身推动的司法改革最近也到了十字路口，司法专业化与司法民主化的争论仍在进行。泛泛地争论司法改革的价值取向没有多少意义，还是应该将对当下司法改革路径所进行的思考放到对具体问题的探讨中去。本书正是在探索确定反垄断司法审查管辖法院的过程中，对行政权与司法权的本质属性进行重新认识，提出法官专业化、司法独立才是司法改革应当坚持的方向。

三 研究现状

反垄断法在西方已有百余年的历史，西方学者对反垄断法的研究较为

---

① 中国反垄断专家、中国社会科学院法学研究所的王晓晔研究员对此作出了正面回应，认为人民法院实行反垄断案件专项审判意义深远。参见中国法学网，http://www.iolaw.org.cn/showArticle.asp?id=2393，最后访问时间：2009 年 7 月 3 日。然而，法院成立专门法庭对反垄断案件专项审判与目前法院实行民事、行政、刑事诉讼分庭审理的机制是否能够接洽还值得进一步研究。

成熟，不仅从实体法而且从程序法的角度进行深入研究。早在20世纪90年代初，A. McDonnell 和 J. Slot 主编的《欧共体与美国竞争法的程序与执行》(*Procedure and Enforcement in EC and US Competition Law*, Sweet & Maxwell 1993) 一书曾较为深入地探讨了反垄断司法审查问题。Henry G. Schermers 和 Denis F. Waelbroeck 在其所著的《欧共体的司法保护》(*Judicial Protection in the European Communities*, fifth edition Kluwer 1991) 一书中就欧共体范围内的司法审查程序也有较为详细的描述。1996年经合组织（OECD）举行了"竞争法的司法实施"研讨会（Seminar on Judicial Enforcement of Competition Law），一些成员国的法官提交了有关反垄断司法审查的报告，其中不乏真知灼见。近年来，学者对反垄断的司法审查大多放在对反垄断实施体制或竞争法的程序规则中加以研究，将司法审查视为反垄断执法的组成部分，比如，由 Inns of Court School of Law 工作人员编写的《实践中的欧共体竞争法》(*EC Competition Law in Practice*, Oxford University Press 2004) 第8章专门讨论了欧盟法院涉及竞争法规则的案例；Louis Ortiz Blanco 主编的《欧共体竞争程序》(*EC Competition Procedure*, Oxford University Press 2006 第2版）第15章对欧盟初审法院和欧盟法院处理欧共体竞争法案件的程序进行了专章讨论。这些有关反垄断司法审查程序或多或少地涉及法院管辖权的讨论。另外，许多行政法学者在其经典的行政法著作中也都会对司法审查的管辖进行深入分析。

我国学者对反垄断问题的研究起步较晚，并且多是从经济分析的角度对反垄断的认定、反垄断类型等实体法规则进行研究。近年来，随着反垄断立法的推进，也有学者越来越关注反垄断法的实施，如王晓晔教授在《关于我国反垄断执法机构的几个问题》[①]一文中重点讨论了反垄断执法模式、执法机构以及执法机构与监管机构的关系等问题，但是对反垄断司法审查的关注不够。另外，刘宁元教授2005年主编的《中外反垄断法实施体制研究》(北京大学出版社），从程序法的角度按照国别对美国、德国、英国、日本以及欧盟的反垄断法实施体制进行了系统研究，虽然也涉

[①] 来源于"中国法学网"，http://www.iolaw.org.cn/showarticle.asp?id=2048；最后访问时间：2010年11月24日。

及了反垄断司法审查问题,但是未作深入研究。我国《反垄断法》出台之后,有学者注意到了反垄断司法审查的重要意义,发表了专门以"反垄断司法审查"为主题的文章,如杨临萍的《〈反垄断法〉司法审查的若干问题探讨》(《东方法学》2008 年第 3 期)、孟雁北的《我国反垄断司法审查制度构建问题研究》(《成人高教学刊》2007 年第 5 期)以及丁茂中的《论我国反垄断执法的司法审查标准》(《天水行政学院学报》2007 年第 6 期),但是也仅限于提出问题。对外经贸大学孙晓璐 2008 年提交的硕士论文《欧盟企业合并控制中的司法审查制度研究》,对特定法域中的一个具体反垄断问题的司法审查进行了系统研究,是目前国内少有的以"反垄断司法审查"为主题的学位论文之一。2008 年 11 月,对外经济贸易大学经济法研究中心的网站上刊登了题为《反垄断司法审查制度综述》的文章,运用比较研究方法对反垄断司法审查的审查模式、审查机关、审查对象、申请人资格、审查理由以及审查标准进行考察与梳理,其中对审查模式进行了较为细致的描述,对于深入研究相关领域的问题具有较强的引导意义。中国社会科学院研究生院杨会永的博士论文《行政裁决与我国行政法的改革》(2008 年),在论述"司法化的行政裁决制度对行政诉讼的影响"时,提到"法院司法审级的提升",对反垄断司法审查管辖的研究有一定的启发意义。

  我国行政法学者对司法审查的研究颇为丰富,从审查范围、强度、当事人以及判决类型等各个角度对司法审查进行研究,[1] 但是很少有人专门关注司法审查的管辖问题。偶尔出现的有关"管辖"的文章,比较有影响的如李红枫的《行政诉讼管辖制度现状及对策分析》(《行政法学研究》2003 年第 1 期),也多从司法权的地方化和行政化的角度出发,建议通过提高审级、异地管辖以及建构行政法院等途径来减少行政权对司法权的干预。行政法著作中即使涉及行政诉讼的管辖问题,大多也只是对管辖分

---

[1] 杨伟东:《行政行为司法审查强度研究——行政审判权纵向范围分析》,中国政法大学 2001 年博士论文;解志勇:《论行政诉讼审查标准》,中国政法大学 2003 年博士论文;胡卫列:《行政诉讼目的论》,中国政法大学 2003 年博士论文;王彦:《行政诉讼当事人研究》,中国政法大学 2004 年博士论文;梁凤云:《行政诉讼判决研究》,中国政法大学 2006 年博士论文。

类、确定原则的泛泛讨论。杨寅、吴偕林合著的《中国行政诉讼制度研究》（人民法院出版社2003年）一书对行政诉讼管辖的研究较为深入，将管辖权与受理权、审判权以及主审权进行了区分，然而对管辖制度存在的问题仍未跳出"司法不独立——提高级别管辖"的窠臼。总之目前行政法学界对行政诉讼管辖问题的研究远远落后于民事诉讼法学者对管辖问题的研究，后者对"管辖"概念作比较研究并从诉权保护理论以及审判级别设置方面反思管辖制度存在的问题。①

四 主要研究方法

1. 比较分析方法

比较作为法律分析的核心，"没有任何一个法律领域先天地就对比较法具有抵抗力"。② 现代意义上的法治思想起源于西方，研究司法审查制度不可避免地要将目光投向西方法治发达的国家和地区。研究管辖问题，就应该梳理和界定西方诉讼制度中管辖的概念、特征以及确定管辖的原则，追本溯源，才能准确地框定出中国管辖制度的范围，锁定管辖领域内的真问题。就反垄断司法审查管辖而言，域外反垄断司法审查，无论是理论还是实践层面，都为中国建立和完善相应的制度提供了丰富的经验。由于法律文化背景上的差异，英美法系和大陆法系国家的反垄断法的实施体制有较大差别，即使同一法系的法国与德国、英国与美国，其反垄断司法审查制度的构建也呈现出各自的特色，比如美国的上诉审、英国的专门审等。制度有其惯性，各国对反垄断司法审查管辖模式的选择都不同程度上受到传统制度的影响，比如英国之所以形成由竞争上诉法庭对反垄断行政案件进行专门审，源于行政裁判所制度（英国竞争上诉法庭脱胎于竞争

---

① 江伟等：《民事诉权研究》，法律出版社，2002；姜启波、孙邦清：《诉讼管辖》，人民法院出版社，2005；孙邦清：《民事诉讼管辖制度研究》，中国政法大学出版社，2008；傅郁林：《司法权与管辖权——伯特尔政府协会诉国务院案点评》，中国诉讼法律网，http：//www.procedurallaw.cn/wgf/200807/t20080724_40800.html，最后访问时间：2009年5月12日。

② 〔德〕格罗斯菲尔德：《比较法的力量与弱点》，孙世彦译，清华大学出版社，2002，第2页。

委员会的上诉裁判所),该制度被视为英国行政法的标签。当然,这些不同模式背后还是蕴藏着一些制度共性,比如严格的甚至是准司法性质的反垄断行政裁决程序,司法审查中司法权对行政专业判断的尊重,司法审查人员必须具备一定的专业素养等。本书采取比较分析的方法考察域外制度,一方面要辨析各国的制度特色,另一方面要总结制度共性,这样才能对中国的反垄断司法审查管辖制度的建构提供有益的指导。

上述比较分析方法是将同一制度按照国别进行比较分析,而将有一定相似性的不同专业领域的制度进行比较也未尝不是一种有益的尝试。专利复审、反倾销,与反垄断一样,都是专业性较强的经济领域,都涉及国家行政权力对经济活动的干预,并且我国在专利复审和反倾销司法审查方面已积累了较为成熟的实践经验,理论界对之也进行了一些研究,① 因此通过比较分析的方法总结相似行业的成功做法,对于探索我国反垄断司法审查制度构建也是有借鉴意义的。

2. 实证分析方法

本书运用实证分析方法对域外有关反垄断司法审查管辖的法律规定以及做法进行归纳、梳理,总结出域外反垄断司法审查管辖的三种模式,并分别概括三种模式的主要特点及其形成的主要原因。借鉴域外经验,是为了寻找适合中国反垄断司法审查的管辖模式。中国反垄断司法审查管辖模式的选择是基于对中国反垄断行政执法体制以及中国现行司法审查管辖体制的实证分析。我国《反垄断法》确定了分散式的执法机构,各个反垄断执法机构在实践中如何运作,如何分配反垄断调查和裁决权限都需要进行认真的调研。只有在认真考察我国反垄断执法实践的基础上准确把握反垄断执法的实然状态,才能够为我国反垄断司法审查寻求到一个符合我国国情的管辖模式。

---

① 程永顺:《专利行政案件的种类及诉讼管辖》,《科技与法律》2003 年第 2 期;刘敬东、姚臻主编《反倾销案件行政复议、司法审查的理论与实践》,中国人民公安大学出版社,2004;邓德雄:《欧盟反倾销的法律与实践》,社会科学文献出版社,2004;孙雯:《对外贸易中的反倾销司法审查制度研究》,南京大学 2005 年博士论文。

第一章
反垄断司法审查管辖的基本理论

第一节 反垄断与反垄断司法审查

一 反垄断立法

反垄断法作为"自由竞争"的保护神,是市场经济发展到一定程度,应苦苦挣扎于垄断阴影之下的众多小企业对自由竞争的呼唤而降临凡世的。1890年《谢尔曼法》作为第一部现代反垄断法,奠定了美国作为反垄断法策源地的地位,并开启了全球范围内反垄断立法的序幕。自19世纪末以降,全球反垄断立法可分为三个阶段:19世纪末20世纪初的肇始阶段、20世纪中叶的蓬勃发展阶段和21世纪初的现代化和国际化阶段。

(一)肇始阶段

19世纪末,西方资本主义已经发展到了垄断阶段。过度的经济集中不仅使社会中下层人士饱受垄断组织滥用市场势力之苦,而且也使市场普遍失去了活力。[1] 19世纪80年代美国爆发了抵制托拉斯的大规模群众运动,有力地推动了美国的反垄断立法。在公众不满于制造业、金融业和交通运输业大鳄滥用经济地位而群情激昂的背景下,美国于1890年通过了

---

[1] 尚明主编《反垄断——主要国家与国际组织反垄断法律与实践》,中国商务出版社,2005,第17页。

《保护贸易及商业不受非法限制和垄断危害的法案》,即被称为第一部现代反垄断法的《谢尔曼法》①。继 1890 年《谢尔曼法》之后,美国又于 1914 年分别通过了《克莱顿法》和《联邦贸易委员会法》,从此逐步建立起具有世界性影响的反托拉斯法体系,包括后来的《1936 年罗宾逊－帕特曼法》(Robinson – Patman Act 1936)、《1962 年反托拉斯民事程序法》(Antitrust Civil Process Act 1962)、《1974 年反托拉斯程序与处罚法》(Antitrust Procedures and Penalties Act 1974)、《1976 年哈特－斯考特－罗丁诺法》(Hart – Scott – Rodino Act 1976)以及《国家合作研究与生产法》(National Cooperative Research and Production Act)等。

(二)蓬勃发展阶段

第二次世界大战结束后,反垄断立法进入蓬勃发展阶段。二战后,以美国为首的同盟国认为德国大型的工业卡特尔是导致纳粹利用经济控制权上台的罪魁祸首,日本政府也是通过财阀进行高度垄断和经济控制最终走向军国主义,因此将严格规制卡特尔和垄断的机制引入德国和日本显得尤为重要。日本于 1947 年以美国反垄断法为蓝本制定了《禁止私人垄断及确保公平交易法》(Act No. 54 of 1947),德国也于 1957 年通过了《反对限制竞争法》(Act against Restraints of Competition)。这一时期的反垄断立法主要集中在欧洲国家:英国于 1948 年制定了《垄断与限制行为调查与控制法》(Monopolies and Restrictive Practices Enquiry and Control Act),1956 年出台《限制性行为法》(Restrictive Practices Act);法国 1953 年出台了关于"保持与重建工商业自由竞争"的法规;欧共体 1957 年《罗马条约》中规定了竞争条款;卢森堡 1970 年出台《竞争法》(Competition Law)。另外,澳大利亚于 1965 年制定了《商业行为法》(Trade Practices Act),并于 1974 年制定了新的《商业行为法》(Trade Practices Act 1974),作为保护竞争和消费者的法令。位于北美洲的加拿大也于 1986 年出台了至今仍然有效的《竞争法》

---

① 虽然加拿大早在 1889 年就制定了世界上最早的《竞争法》,但是由于条文简单所起的作用并不显著,其影响远远不如美国于次年通过的《谢尔曼法》。

(Competition Act)。

（三）现代化与国际化阶段

反垄断立法的第三个阶段始于柏林墙倒塌之后，转型国家纷纷着手制定与市场经济相适应的反垄断法，原先已经存在反垄断立法的国家也进行了大规模的修订，另外在国际层面上出现双边和多边反垄断协议，国际组织也开始关注并致力于反垄断国际合作，这一阶段的反垄断立法呈现明显的现代化与国际化的发展趋势。

1. 转型国家以及新兴国家的反垄断立法

1989 年之后，随着苏联的解体，欧洲大陆出现一系列转型国家。为了与体制转型相适应，这些国家开始致力于反垄断立法。俄罗斯联邦 1991 年、1995 年、1999 年相继出台了保护商品市场、金融服务市场竞争以及限制自然垄断的法律，如 1991 年《商品市场竞争与限制垄断行为法》(Law No. 948 - 1)、1995 年《联邦自然垄断法》(No. 147 - FZ) 和《俄罗斯联邦小企业政府支持法》(No. 88 - FZ) 以及 1999 年《保护金融服务市场竞争法》(No. 117 - FZ)。1996 年罗马尼亚制定《竞争法》，1999 年斯洛文尼亚出台《阻止限制竞争法》(Prevention of the Restriction of Competition Act 1999)，2000 年波兰制定《竞争和消费者保护法》(Act of 15 December 2000 on Competition and Consumer Protection)。另外，亚非一些新兴国家和地区也纷纷出台反垄断法为市场经济的健康发展保驾护航，如韩国 1980 年《垄断规制与公平交易法》(Monopoly Regulation and Fair Trade Act)、中国台湾 1992 年《公平交易法》(Fair Trade Law)、泰国 1999 年《商业竞争法》(Business Competition Act 1999)、南非 1998 年《竞争法》(Competition Act)、印度 2002 年《竞争法》(Competition Act 2002)。我国也于 2008 年出台了自己的《反垄断法》。

2. 反垄断立法的现代化

为了保持与当代竞争法思潮协调一致，早期进行竞争法立法的国家在这一时期开始更新修订和不断补充。2004 年 5 月 1 日，欧共体竞争法（《欧共体条约》第 81、82 条）实施 40 年之后发生了重大变化，1/2003 条例（Regulation 1/2003）增强了成员国竞争机构（NCAs）和法院执行欧共体竞争法的权力,最终将"分散执行"(decentralised enforcement)这种欧共体其他方面的惯常方式延伸到竞争法领域。欧盟委员会希望借此次改革能够解放其一部分资源,以便集中处理最为严重的违反竞争法的行为,如泛欧洲卡特尔(pan - European cartels)等。这次现代化改革对欧洲竞争法影响巨大,欧盟竞争委员会委员 Mario Monti 称之为"重拳出击"(the "big bang")。为了便利成员国之间的信息交流,维护竞争制度的连贯、统一,成员国机构和欧盟委员会共同组成欧洲竞争网络(European Competition Network),欧盟委员会作为协调力量在执法体制中仍扮演重要角色。

为了适应欧共体竞争法现代化改革之后的体制,欧盟成员国也着手修订了本国的竞争法:英国经过一系列修订,① 最终形成现在的竞争法体系,包括《1998 年的竞争法》(Competition Act 1998)和《2002 年企业法》(Enterprise Act 2002);法国 2008 年 8 月 4 日出台了 2008 - 776 号《经济现代化法》(Loi de modernisation de l'économie);德国于 1999 年最新一次修订竞争法;2006 年 10 月 1 日比利时最新的《竞争法》生效,标志着"两年改革进程的终结和新时代的开始"(the end of a two - year reform process and the beginning of a new era)。② 加拿大也于 2009 年最近一次修订竞争法。日本继 2005 年对《反垄断法》(the AMA)进行修订之后,又于 2009 年 6 月 3 日出台新的反垄断法修正案。

3. 反垄断立法的国际化

在各国进行国内立法的同时,随着国家间的反垄断合作的发展以及国际组织对反垄断事务的关注,反垄断立法呈现越来越明显的国际化趋势。作为两大主要反垄断经济实体,欧盟和美国之间存在正式的合作协议,如《1991 年美国政府与欧共体关于适用竞争法的协议》(1991 Agreement between the Government of the United States of America and the European Communities Regarding the Application of their Competition Laws)和《1998 年欧共

---

① 如 1973 年《公平交易法》、1976 年《限制性贸易行为法》、1976 年《转售价格法》以及 1980 年《竞争法》。

② "New Belgian Competition Act: the dawn of a new era?" http://www.freshfields.com/publications/pdfs/2006/16325.pdf,最后访问时间:2010 年 3 月 10 日。

体与美国政府在执行竞争法时适用积极礼让原则的协议》(1998 Agreement Between the European Communities and the Government of the United States of America on the Application of Positive Comity Principles in the Enforcement of their Competition Laws)。另外，欧盟和美国又分别和加拿大、日本、韩国之间存在竞争事务方面的正式合作协议，如欧盟与经合组织成员国的合作以《1995 年经合组织建议》(the 1995 OECD Recommendation) 为基础，欧盟与韩国建立竞争方面的咨询、透明和合作的永久论坛等。许多国际组织也越来越关注反垄断问题，包括联合国贸易发展会议（the United Nations Conference on Trade and Development）、世界贸易组织（the World Trade Organization）和经济合作与发展组织（the Organization for Economic Cooperation and Development）。经合组织有一个竞争委员会，定期召集成员国的竞争法高级专家，讨论竞争法政策与执行的最佳做法，促进成员国竞争政策的融合以及加强成员国竞争机构之间的合作。联合国贸易发展会议每年至少组织一次会议，召集竞争法专家讨论竞争政策问题，并提供技术支持以及开展竞争问题研究。世界银行也为新成立的国家竞争机构提供资金支持。即使是历史上仅仅关注于贸易政策问题的世贸组织，也成立贸易与竞争政策互动的工作小组（a Working Group on the Interaction between Trade and Competition Policy）。[1] 成立于 2001 年的国际竞争网络（International Competition Network）是一个致力于建立竞争执法主体全球范围内合作机制的非正式网络。国际竞争网络有两个目标：为新竞争机构在实施法律和建构强大的竞争文化两方面提供支持；推动竞争机构更大程度的融合。

经过一个多世纪的发展，反垄断立法取得了丰硕成果，已有 100 多个国家和地区出台了反垄断法。需要明确的是，有些国家的竞争法不仅包括反垄断法，还包括反不正当竞争法，而本书集中研究反垄断法的相关问题，故竞争法与反垄断法在同一意义上使用。

---

[1] Dando B. Cellini, "Economic Growth and Consumer Welfare: the Role of Competition Law", *Competition Law Today*, edited by Vinod Dhall, Oxford University Press 2007, p. 436.

二 反垄断执法体制

(一) 反垄断执法体制的含义

立法只是反垄断的第一步,判断一个国家的反垄断体制是否发达还要看其是否形成了一套行之有效的反垄断法执行体制。广义上的反垄断法的执行体制包括司法模式和行政模式两种。行政模式是指由国家反垄断主管机关(通常是行政机关或独立机构)对垄断行为进行调查并作出裁决;司法模式就是由私人或公共机构向法院起诉,由法院对违反竞争法的行为进行认定或制裁。尽管司法模式在美国占据重要地位,而且欧共体竞争法现代化改革的一个趋势就是鼓励竞争法的私人执行,即允许受垄断行为侵害的个人或企业直接向法院提起损害赔偿诉讼,然而,鉴于反垄断调查的专业性和技术性的特点,依靠强大的专门反垄断机构的行政执法模式仍具有主导地位。因此这里的反垄断执法体制是指反垄断行政执法体制,即由反垄断主管机关对反垄断行为进行调查并作出裁决。

(二) 反垄断执法体制的分类

由于经济背景和政治传统方面的差异,各国一般会在竞争法中确立一个(如加拿大、韩国、日本)或几个(如美国、英国、德国)反垄断执法机构,形成一元和多元执法体制。①

1. 一元执法体制

日本根据1947年《禁止私人垄断及确保公平交易法》第27条规定,成立了日本公平交易委员会,负责日本反垄断法的执行,形成典型的一元执法体制。实行一元执法体制的还有韩国和我国的台湾地区,它们分别成立了各自的公平交易委员会,对违反竞争法的行为进行调查并作出裁决。

---

① François Souty, "National Competition Authorities in G7 countries: An institutional comparison", May 2007, e - Competitions, n°13580, www. concurrences. com. 最后访问时间: 2010年1月10日。

2. 多元执法体制

美国联邦反垄断执法机关主要包括联邦司法部和联邦贸易委员会，分别掌管着反托拉斯法不同领域的执法权限，形成了一种"分权"加"强化"的多元执法体制。① 德国也是多元执法体制的代表：联邦卡特尔局（the Bundeskartellamt）是联邦层面主要的反垄断执法机构（《反对限制竞争法》第 48 条）；联邦经济事务和技术部（Bundesministerium für Wirtschaft und Technologie）在特别情况下对联邦卡特尔局阻止的并购进行豁免，但必须满足特定标准（《反对限制竞争法》第 42 条）；垄断委员会（the Monopolkommission）作为独立的法定咨询机关，就竞争法律和政策问题公布双年度报告，并自行或应联邦政府要求公布特定政策问题的报告（《反对限制竞争法》第 44～47 条）。② 英国竞争政策的执法机构包括商业、企业和管理改革国务大臣（the Secretary of State for Business, Enterprise and Regulatory Reform）、公平交易局（the Office of Fair Trading）、竞争委员会（the Competition Commission）以及其他管制行业与公平交易局共享竞争事务管辖权的监管机构（如通信管理局 Ofcom、天然气与电力市场办公室 Ofgem 等）。公平交易局作为英国主要的竞争和消费者执法机构，负责所有行业的竞争事务、审查产品初级市场和并购控制。竞争委员会有权对并购和市场调查事务作出决定。③

另外，还有的国家处于多元执法体制向一元执法体制的转变过程之中，例如法国在 2009 年之前存在两个负责竞争执法的机构：法国经济工业就业部下属的竞争、消费和反欺诈总司和法国竞争审议委员会，分别负责案件的审查与裁决。2008 年 8 月 4 日法国通过了《经济现代化法》（LME），成立法国竞争管理局（l'Autorité de la concurrence），作为独立的反垄断专门机构，替代之前的竞争审议委员会，全面负责竞争事务。④ 西班牙 2007 年 9 月 1 日生效的新的《竞争法》（the new Competition Act 15/

---

① 张杰军：《美日反垄断法执法机构及权限比较研究》，《河北法学》2002 年第 1 期。
② Florian Wagner – von Papp, "Antitrust encyclopedia: Germany", January 2009, http://www.concurrences.com. 最后访问时间：2010 年 2 月 10 日。
③ Liza Lovdahl Gormsen, "Antitrust encyclopedia: U. K.", December 2008, http://www.concurrences.com. 最后访问时间：2010 年 3 月 10 日。
④ http://www.autoritedelaconcurrence.fr. 最后访问时间：2010 年 3 月 10 日。

2007）将位于经济财政部的竞争服务局（the Competition Service）和竞争法院（the Competition Court）（虽然名称为法院，实质上是一个行政机关）合并为国家竞争委员会（the National Competition Commission），作为竞争主管机关。

无论是实行一元执法体制的国家还是实行多元执法体制的国家，存在一个共同的特点就是赋予反垄断执法机构独立的法律地位和强大的执法权力，并且其独立地位和行政权力存在不断加强的趋势。

三 反垄断司法审查

赋予反垄断权力机关独立的法律地位和强大的执法权，并不意味着其行为不受监督和控制。越是权力集中的地方，对权力的制约越发显得重要，例如美国《行政程序法》规定法院拥有普遍的审查行政裁决合法性的权力。[①] 为了有效保障反垄断法的正确实施，大多数国家的反垄断法都规定了上诉制度（Appeal System），即不服反垄断机构的决定或命令的当事人可以上诉到法院，请求法院予以审查。

（一）司法审查相关概念辨析

司法审查是指允许个人或组织请求法院审查政府公共机构作出决定的法律程序。《布莱克法律词典》对司法审查作出这样的界定："法院基于来自与行政机构有关的上诉，对行政行为的事实认定和法律依据进行审查，"也指"上诉法院审查初审法院或中级上诉法院的裁决"。[②] 英国的科林也作出了类似的解释："上级法院对下级法院的错误裁决所作的第二次审查"，也指"法院对行政决定进行的审查"。[③] 而在法国、德国等大陆法系国家，"行政审判管辖权是由独立的、与行政当局分离的法院行使"

[①] 美国法典第5篇第702条：任何人由于机关的行为而受到不法的侵害，或者受到某一有关法律意义内的不利影响或侵害时，有权对该行为请求司法审查。

[②] *Black's Law Dictionary*, West Publishing Co., 1979, pp. 762, 88.

[③] 〔英〕P. H. 科林编著《英汉双解法律词典》，陈庆柏、王景汕译，世界图书出版公司，1998，第299页。

（联邦德国《行政法院法》第 1 条）。司法审查寓于英美法传统的普通司法制度之中，行政诉讼制度源于法国的行政法院制度，两者均是司法权对行政权进行监督和审查的制度。我国学者在谈到司法审查与行政诉讼的区别时，认为司法审查侧重于法院作为主体监督行政权的一种法律制度，而行政诉讼是当事人请求法院对所受到的行政行为的侵害进行救济的法律制度。[1] 然而这种区别仅是从字面含义对这两个概念进行解读，究其实质，两者均是司法机关监督行政权运行的一项法律制度，同时也是一项重要的行政救济制度。本书之所以用"反垄断司法审查"而不用"反垄断行政诉讼"的概念，主要出于以下考虑：首先英美法系只有司法审查制度而没有行政诉讼的概念；其次大陆法系的法国虽然有行政法院与行政诉讼法，但是对反垄断行政行为的审查大多是在普通法院进行。另外，在中国存在大量的行政垄断，当事人针对行政垄断提起的诉讼是行政诉讼，但不属于本书意义上的反垄断司法审查的范围，因为反垄断司法审查的对象是反垄断执法机构的行为。

一般说来，上诉审查（appellate review）与司法审查（judicial review）存在区别，前者是指具有上诉管辖权的法院对下级法院或行政裁决机关裁决的审查，后者是指法院依照宪法或法律的授权决定立法行为或行政决定是否存在管辖权或其他方面的瑕疵。即使上诉审查和司法审查共同指向"法院监督行政决定"这一情况，英国法仍然认为上诉制度与司法审查有着细微的差别，上诉审查源于法律的明文规定，司法审查属于行政法治内在的要求。但是大多数国家的竞争法，并未区别"上诉审查"和"司法审查"，规定受到反垄断决定影响的主体有权上诉到法定机构，由其进行司法审查。

（二）反垄断司法审查的含义与范围

反垄断司法审查作为一项救济制度，具有特定的含义，即法院应当事人的请求对反垄断执法机构的决定或命令进行审查。反垄断行政执法过程中受到司法监督的情况很多，但是并非都属于反垄断司法审查，例如，反

---

[1] 傅思明：《中国司法审查制度》，中国民主法制出版社，2002，第 12 页。

垄断执法机构在执法过程中向法院申请调查令,① 自然要受到法院的审查,但是不属于这里讲的反垄断司法审查。另外,根据美国反垄断法的规定,反垄断执法机构与企业达成的和解协议,必须得到法院确认,这时受到的审查也不属于反垄断司法审查的范围。

反垄断司法审查存在两种类型的诉讼,一类是撤销诉讼（actions for annulment）,即请求法院判决撤销反垄断执法机构的决定,例如《欧共体条约》第230条规定的诉讼;一类是不作为诉讼（actions for failure to act）,请求法院判决反垄断执法机构未采取特定的行为违法,例如《欧共体条约》第232条规定的诉讼。撤销诉讼有时会与不作为诉讼混淆。根据经验,当反垄断执法机构决定不采取一定的行为时,当事人提起的诉讼就是撤销诉讼,相反,当反垄断执法机构未作出这样或那样的决定时,所提起的诉讼则为不作为诉讼。例如,反垄断执法机构作出不进行反垄断调查的决定,或决定结束反垄断调查而不进一步采取措施,则第三方通常会提起撤销诉讼,要求法院撤销该决定。在竞争法领域,撤销诉讼是司法审查最为普遍的诉讼类型,② 那么反垄断执法机构的哪些决定可以提起撤销诉讼呢?

首先,反垄断执法机构作出的最终决定可以成为司法审查的对象。反垄断法主要规制三种类型的垄断形式:反垄断协议、滥用市场支配地位、可能会引起垄断的企业并购（我国反垄断法称为"经营者集中"）。针对前两类案件,反垄断执法机构经过调查通常会作出:确认存在违法行为的决定;罚款的决定;要求停止特定行为的决定;要求作出赔偿或承诺的决定;宣布不构成违法行为的决定。企业并购一般实行申报制度,反垄断执法机构在评估并购对竞争可能产生的影响之后作出:宣布

---

① 根据权力制约的原则,反垄断执法机关在执行反垄断法的过程中,总是摆脱不了司法机关的监督和控制,如竞争执法机构在调查过程中进入企业搜查之前要取得法院的搜查令。德国《反对限制竞争法》第59（4）规定,搜查只能根据搜查地初级法院法官的命令进行。法国《关于价格和竞争自由的法律》也规定,调查员搜索现场及扣押文件,须得到搜查所在地的地方法院或其代理法官的许可才能进行。搜查过程中,法官可以亲自到场,并且法院可以在任何时间命令中止或停止搜查。

② Georg Berrisch and David Hull, "Judicial Review in Competition Cases", *PLC Cross-border Competition Handbook*, 2005/06 Vol.1, p.113.

并购与共同市场一致的决定；禁止并购的决定；附条件允许并购的决定；撤回早期决定的决定。这些决定属于反垄断执法机构作出的最终决定，当事人对这些决定不服，可以上诉到法院，请求法院撤销这些决定。

其次，反垄断执法机构作出的部分非最终决定也可以成为司法审查的对象。反垄断执法机构在执法过程中也会作出一些决定，这些决定是否可以提请司法审查，情况比较复杂，各国的做法也不统一。例如，美国的反垄断司法审查仅指司法机关对反垄断最终裁决的审查，不包括对中间措施的审查，而有的国家的竞争法则规定，对于竞争机构作出的所有具有约束力的决定和命令，都可以提起上诉。[1] 反垄断执法机构所作出的最终决定之外的其他决定，究竟还有哪些行为能够成为反垄断司法审查的对象，这里以欧共体竞争法为例来说明。[2]《欧共体条约》第230条规定，可以对欧盟委员会的任何决定提起撤销诉讼。如果委员会的措施能够产生法律效果或者给原告的法律地位带来显著变化，就可以认定为第230条意义上的决定，无论采取什么样的形式。例如，在 Air France v. Commission 案件中，[3] 初审法院（CFI）要审查竞争专员发言人的口头声明是否构成一个"决定"。发言人曾经宣布，依据欧共体并购规则，英国航空（British Airways）所要进行的对丹纳尔航空（Dan Air）的收购不需要申报。初审法院判决口头声明产生法律效力因而可诉。实践中，是否产生法律效果通常比较容易判断，然而，在涉及多个程序阶段的复杂案件中，如果原告想要对程序中的行为而非最终决定提起诉讼，就会产生问题。通常，只有确定无疑表明欧盟委员会立场的行为才

---

[1] 例如，在英国，根据《1998年竞争法》和《2002年企业法》，可向竞争上诉法庭上诉的决定包括"公平交易局作出的采取临时措施的指令"；法国《关于价格和竞争自由的法律》第12条规定了保全处分：保全处分是竞争委员会应付紧急情况而采取的中止涉案行为和令当事人恢复原状，不服委员会裁决的当事人及政府驻会专员可于裁决送达后10日内，抗告于巴黎上诉法院，请求撤销或变更裁决。

[2] 欧盟的情况主要参考 Georg Berrisch and David Hull, "Judicial Review in Competition Cases", *PLC Cross-border Competition Handbook*, 2005/06 Vol. 1, pp. 113–115.

[3] Société Anonyme à Participation Ouvrière Compagnie Nationale Air France v. Commission (Case T-3/93)〔1994〕ECR II-1.

是可诉的，例如，欧盟委员会结束调查的行为就构成可诉的决定。相反，如果欧盟委员会的决定仅仅作为最终决定的预备步骤，则不构成《欧共体条约》第230条意义上的决定，不能被上诉。例如，企业不能对委员会送达反对声明（a statement of objections）的行为提起上诉，因为该行为在程序中仅仅构成预备步骤，即使接到反对声明会对其产生一定的法律影响。[1] 尽管准备行为通常不能成为司法审查的对象，但是，调查阶段中的一些行为还是可以被上诉，[2] 这些行为包括：命令企业提供信息，拒绝接触案卷，要求披露信息等。命令或拒绝中间措施的决定也被认为具有最终的效力，可以成为审查的对象。[3]

第二节 反垄断司法审查管辖的概念与范围

"管辖"是诉讼法中一个重要的概念，现代意义上的诉讼制度源于西方，追本溯源，唯有弄清楚西方管辖制度的范围，才能准确理解管辖的内涵与外延。为此，本节试图在梳理并分析西方管辖概念以及相关制度的基础上，反思我国诉讼"管辖"概念存在的问题，对反垄断司法审查"管辖"的含义与范围进行重新界定。

一 域外司法管辖制度与概念

本书所称的"域外"，主要指普通法系和大陆法系具有代表性的国家，包括美国、英国、法国、德国。要明确域外司法管辖的概念，必须了解各国的法院体系以及有关诉讼管辖制度。不论是普通法系还是大陆法系，民事诉讼管辖与行政诉讼（司法审查）管辖都有着非常密切的联系，因此本节在研究域外司法管辖制度时主要研究民事诉讼管辖与行政诉讼管

---

[1] International Business Machines Corporation v. Commission (Case 60/81) [1981] ECR 2639.
[2] AKZO Chemie et al. v. Commission (Case 53/85) [1986] ECR 1965.
[3] Camera Care Ltd. v. Commission (Case 792/79) [1980] ECR 119; Anthony Goldstein v. Commission (Case T-235/95) [1998] ECR II-523).

辖，不涉及刑事管辖，通常刑事管辖适用特殊规则。

（一）普通法系司法管辖制度

以英国和美国为代表的普通法系，由于行政案件与民事案件一样均由普通法院管辖，并且除了特别法规定的程序之外，一般都适用民事诉讼法的规定，因此本节主要在民事诉讼和司法审查语境中探讨"管辖"的概念及相关制度。下面就诉讼法中有关管辖制度的规定和法院组织法（或司法法）有关管辖权的规定，分别对英国和美国诉讼"管辖"的具体含义进行探究。

1. 美国司法管辖制度

美国联邦宪法第3条第1款将合众国的司法权力赋予"一个最高法院，以及随时由国会建立的下级法院"。1789 年《司法法》（the Judiciary Act of 1789）根据该条规定，创立了一个由六名法官组成的最高法院和两套较低级别的联邦法院，[①] 后经过调整，逐渐形成了现代联邦法院体系（见表 1-1）。[②]

表 1-1　美国联邦法院体系

最高法院 Supreme Court	美国最高法院
上诉法院 Appellate Courts	美国上诉法院 （12 个地区巡回上诉法院，1 个巡回区上诉法院）
审判法院 Trial Courts	美国地区法院（94 个司法区 美国破产法院） 美国国际贸易法院 美国联邦索赔法院

[①] 〔美〕大卫·P. 柯里：《美国联邦法院管辖权》（第 4 版）（影印本），法律出版社，2003，第 10 页。
[②] Administrative Office of the U. S. Courts, "Understanding the Federal Courts", 2003, http://www.uscourts.gov/understand03/media/UFC03.pdf. 12 July, 2009. 最后访问时间：2010 年 3 月 10 日。

美国联邦法院包括上述三个层次，每个级别的法院都有各自的管辖权，另外美国作为联邦制国家，存在双重司法体系：除了联邦法院之外，各州还有自己的司法系统。一个案件究竟应该在哪个法院进行诉讼，涉及复杂的管辖制度。

（1）事务管辖权（the Subject - Matter Jurisdiction）①

原告在选择适当的法院时，首先面临的就是选择在联邦法院还是在州法院起诉。事务管辖权就涉及司法权在联邦与州法院之间的基本划分这一宪法问题。事务管辖权意味着法院能否听审某一特殊类型的争议。在描述一个法院的事务管辖权的时候，经常会用到两个词：普遍管辖权（General Jurisdiction）和有限管辖权（Limited Jurisdiction），前者意味着除非法律另有规定，法院能够管辖任何当事人之间的任何类型的案件；后者意味着法院只能管辖设立该法院的法律规定的事项。② 就美国而言，州法院拥有的是普遍管辖权，而联邦法院则拥有有限管辖权。美国法中有关联邦法院的事务管辖权主要规定在联邦宪法第3条第2款以及《美国法典第28篇》（Title 28 U.S.C）第4部分。

《联邦宪法》第3条将合众国的司法权赋予联邦法院之后，紧接着在第2款规定了联邦法院的事务管辖权（the Subject - Matter Jurisdiction），即联邦法院仅对特定类型的"案件"（cases）或"争议"（controversies）拥有管辖权：1)"所有起因于本宪法以及合众国法律或……条约的案件"，即联邦问题案件（Federal Question Cases）；2)所有涉及大使、公使和参事的案件（to All Cases Affecting Ambassadors, other Public Ministers and Consuls），即使节管辖权（Ambassador Jurisdiction）；3)涉及通航水域的案件，即海事管辖权（Admiralty Jurisdiction）；4)联邦作为当事人管辖权（Federal Party Jurisdiction）：合众国作为一方当事人的案件；5)州案件管辖权（State Jurisdiction）：两个或多个州之间的案件；6)不同州籍公民之间的案件管辖权（Diversity Jurisdiction）7)土地授权管辖权（Land Grants Jurisdiction）：同一州公民之间根据不同州的授权主张土地的案件

---

① 有的翻译成"事务管辖权""事项管辖权""诉讼标的管辖权"。
② 〔美〕Stephen C. Yeazell：《民事诉讼程序》（影印本），中信出版社，2003，第6页。

(Cases Between Citizens of the Same State Claiming Land under the Grants of Different States); 8) 外籍管辖权（Alienage Jurisdiction）：州和外国、州公民与外国公民、州公民与外国公民或事务、州作为原告与其他州公民或外国公民与事务的案件。

《美国法典第28篇》（Title 28 U.S.C）① 规定的事务管辖权的范围很广，包括专门法院与普通法院之间的管辖分工、一审法院与上诉审法院的管辖分工，以及不同级别的法院之间的一审案件管辖等。② 第81章规定了联邦最高法院的管辖权，其中第1251节规定了初始管辖权（original jurisdiction），主要是所有涉及大使、公使和参事的案件，以及州为一方当事人的案件；第1253～1259条规定了上诉管辖权，并规定了"调卷令"制度，即最高法院的裁量管辖权（discretionary jurisdiction）③。第83章规定了上诉法院的管辖权。第85章第1330～1369条列举了地区法院管辖的案件类型，包括联邦问题、异籍案件、破产争议等，其中异籍案件有数额要求，当时要求的争议额是10000美元，现在标准提升至75000美元。

联邦法院对上述案件中的特定事项拥有排他性管辖权（exclusive jurisdiction），如破产案件、专利与版权纠纷以及反托拉斯案件等。对于大多数案件而言，联邦地区法院与州法院则享有共同管辖权（concurrent jurisdiction），换言之，原告既可以将案件提交给联邦地区法院也可以提交给州法院。国会通过立法建立了一套程序，规定当事人（主要指被告），可以申请将案件从州法院移送（remove）到联邦法院，只要后者对案件拥有

---

① 规定"司法及司法程序"（Judiciary and Judicial Procedure）的《美国法典第28篇》（Title 28 U.S.C）源于1948年修订的《司法法》。
② Robert C. Casad, *Jurisdiction in Civil Actions* (second edition), Butterworth legal Publishers. pp. 1–5.
③ 裁量管辖权或酌情处理管辖权，是指某一法院所拥有的决定是否听审一个已经提交上来的特定案件的权力。联邦最高法院，作为裁量管辖权的法院，有权根据案件在宪法意义上的重要程度，决定是否颁发调案令状（writ of certiorari）来受理上诉。最高法院大约只受理5%的申请。参见张千帆《宪法学导论》，法律出版社，2003，第370页。

初始管辖权（original jurisdiction）。①

（2）对人管辖权（Personal Jurisdiction）

在确定向州法院系统或联邦法院系统提起诉讼的问题之外，还要确定位于哪一个州的法院对被告具有管辖权，即对人管辖权（Personal Jurisdiction）。对人管辖权是指一个法院对特定被告（对人管辖权 in personal jurisdiction）或特项财产（对物管辖权 in rem jurisdiction）所拥有的权力。对人管辖权是对事务管辖权的限制，如果一个法院不具有对被告或财产的对人管辖权，那么该法院则不能对被告设定义务或者在财产上设定权利。传统上，对人管辖权要求被告实际出现在法院所在州。"人身在场"（physical appearance）这一原则源于最高法院1877年Pennoyer v. Neff案的判决。随后，对人管辖权不断得到司法解释和立法的发展。1945年最高法院在具有里程碑意义的案件——"国际鞋业"案（International Shoe Co. v. Washington）中，大大地拓展了对人管辖权的宪法界限，远远超越了传统上的"人身在场原则"。根据"国际鞋业"案，一些州出台了所谓的"长臂法"（long-arm statutes），规定位于一州的法院能够对位于该州之外的当事人行使管辖权，只要该当事人与该州有实质性联系。并且，《联邦民事诉讼规则》第4条规定，联邦法院一般适用其所在州的对人管辖规则（如"长臂"法规）。一般为了满足对人管辖权，没有在该州实际出现的被告必须与法院所在的州建立实质性的人身或商业联系，这种联系通常被称为"最低限度的联系"（minimum contacts）。基于"长臂法"的对人管辖权又可分为两类：普遍管辖和特定管辖（general and specific jurisdiction）。前者存在于位于州外的当事人与法院所在的州存在集中、系统和持续性交易的情况下。当一个法院对当事人具有普遍管辖权时，该法院对该当事人所有的纠纷均具有对人管辖权。相反，当当事人与一个州不存在系统经常的联系时，法院则具有特定管辖权（specific jurisdiction），仅对当事人在该州范围内的事项具有实质性联系的案件具有管辖权。总之，对人管辖权相当复杂，并且随着跨州交易的增多和互联网的突飞猛进，对人管

---

① 《美国法典第28篇》（Title 28 U. S. C）第89章（District Courts; Removal of Cases from State Courts）。

辖权问题尤为突出，并进一步复杂化。

（3）审判地规则

审判地规则是指在事务管辖权、对人管辖权确定之后，就具体案件进行诉讼和审判的地点或者法院进行确定的规则。所谓审判地，是指诉讼的适当的或者可能的地点，通常因为该地点与产生诉讼的事件有某种联系。① 对某一诉讼案件可能存在几个对案件拥有事务管辖权或对人管辖权的法院，审判地规则确定在这些法院中应当在哪一个法院提起诉讼。② 在联邦法院系统中，《美国法典第28篇》（Title 28 U.S.C）第87章第1391~1413条规定了诉讼可能的审判地以及审判地的变更。对于联邦法院来说，异籍案件的审判地为所有的原告居住地、所有的被告居住地，或者诉因发生地；联邦问题案件的审判地为所有被告的居住地，或者诉因发生地。但根据1992年修改的《联邦审判地规则》，在异籍案件中，合适的审判地为被告居住地、引发诉讼的事件实质部分发生地、作为诉讼标的物的财产的实质部分所在地，或者在审计多个被告时，对任意被告拥有对人管辖权的第五法院，如果不存在可以提起诉讼的其他法院的话。③ 正如学者所指出的那样，审判地规则旨在限制原告提起诉讼的地域，为案件确定最合适的审理地点，因此，审判地一般关注诉讼的便利性与效率。④ 由于诉讼是以原告选择特定的法院作为审判地起诉而开始，因此，审判地制度并非是分配管辖的一种制度，而是对原告选择诉讼法院的限制、对被告的一种救济或者赋予被告的一项特权，如果被告不主张这项特权，不对一个不合适的审判法院表示异议，则视为放弃权利，法院就可有效地审判案件。⑤

事务管辖权、对人管辖权以及审判地是选择一个适当的法院必须要考虑的三个因素。事务管辖权与对人管辖权属于宪法上的要求，而审判地则

---

① *Black's Law Dictionary*, seventh edition, Bryan A. Garner editor in Chief West Group, ST. Paul Minn., 1999. p. 1553.
② 孙邦清：《民事诉讼管辖制度研究》，中国政法大学出版社，2008，第25页。
③ 孙邦清：《民事诉讼管辖制度研究》，第25页。
④ Robert C. Casad, *Jurisdiction in Civil Actions*（second edition）, Butterworth Legal Publishers, pp. 1–17. 参见孙邦清《民事诉讼管辖制度研究》，第26页。
⑤ 孙邦清：《民事诉讼管辖制度研究》，第26页。

纯粹属于法律上的要求。事务管辖权涉及司法权在联邦与州法院之间的基本划分，不能随当事人的意图而行使。无事项管辖权的情况下作出的判决无效，因此，没有事务管辖权的法院不能因当事人放弃提出异议而享有管辖权。对人管辖权和审判地均涉及地域的选择，是为了保护被告的权益设置的制度，被告可以放弃提出异议。对人管辖权与审判地的区别在于：首先，与对人管辖权相比，审判地决定诉讼在更加具体的法院进行，而对人管辖权只保证被告在某一法域的任一法院被诉的适当性（propriety）。其次，对人管辖权解决的是法院对被告拥有的宪法上的权力：这并非是被告在不便利的法院承担诉讼的负担是否公平的问题，而是某一特定主权的法院是否有权审判被告。而审判地与宪法要求无关，被认为是对被告的一个附加保护。[1] 虽然二者都是对被告提供保护，但对人管辖权关注宪法所要求的公平和方便，而审判地规则为被告提供另一层保护，以防止原告选择对被告不公正、不方便的审判地。

2. 英国司法管辖制度[2]

在2009年10月1日《2005年宪法改革法》（the Constitutional Reform Act 2005）生效之前，英国的司法机构分为中央法院与地方法院两个层次（见表1-2）。为了进一步强化分权原则，《2005年宪法改革法》成立了英国最高法院（the Supreme Court of the United Kingdom），代替上议院的上诉委员会（the Appellate Committee of the House of Lords），成为终审法院和最高上诉法院，[3] 从而使英国的司法机构在布局上有所变化（见表1-3）。上议院也从此不再行使司法职能，而是作为立法机关，全力负责立法工作。

---

[1] Mitchell G. Page, "After the Judicial Improvement Act of 1990: Does the General Federal Venue Statute Survivie as A Protection for Defendant?", 74 *U. Colorado Law Reviews*, 1153，参见孙邦清《民事诉讼管辖制度研究》，中国政法大学出版社，2008，第26页。

[2] 大不列颠及北爱尔兰联合王国存在三个司法区：（1）英格兰和威尔士；（2）苏格兰；（3）北爱尔兰。这里仅介绍英格兰和威尔士的司法管辖制度。

[3] 涉及欧盟法律的案件除外。根据《1972年欧洲共同体法》（European Communities Act 1972），英国1973年1月1日成为欧洲共同体的成员之一，对于涉及欧盟法律的案件，欧共体法院是终审法院。

表1-2 《2005年宪法改革法》生效前的英国司法机构

中央法院	上议院	上议院上诉委员会 the Supreme Court of the United Kingdom		
	最高法院 Supreme Court	上诉法院 the Court of Appeal	民事分庭 civil division	
			刑事分庭 criminal division	
		高等法院 High Court	大法官分庭 the Chancery Division	公司法庭 Companies Court
				专利法庭 Patents Court
			后座分庭 the Queen's Bench Division	海事法庭 Admiralty Court
				商事法庭 Commercial Court
			家事分庭 the Family Division	
		皇家刑事法院①（也叫王冠法院 Crown Court）		
地方法院	郡法院（民事案件）			
	治安法院（刑事案件）			

表1-3 《2005年宪法改革法》之后的英国司法机构

最高法院	英国最高法院 the Supreme Court of the United Kingdom
高级法院 Senior Courts	上诉法院 the Court of Appeal
	高等法院 High Court
	王冠法院 Crown Court
低级法院	郡法院 County Court
	治安法院 Magistrate Court

  从审理案件的性质来看，普通法院组织可以分为民事法院、刑事法院两个系统。由于普通法院受理和审查行政案件适用一般的民事程序规则，即行政案件是由民事系统的法院管辖，所以在此仅介绍民事法院系统。民事系统法院按审级分为郡法院、高等法院、上诉法院民事庭和最高法院（代替上议院）四个审级。1999年之前存在两套诉讼规则：《1981年最高法院规则》（RSC）适用于高等法院和上诉法院，《1984年郡法院法》（CCR）适用于郡法院。1999年4月26日生效的《民事诉讼规则》为高等法院、上诉法院和郡法院提供了统一的规则。

---

① 根据1971年《法院法》的规定，于1972年设立。

(1) 郡法院管辖权

郡法院是英国普通法院中审理民事案件的基层法院，主要审理比较简单的民事案件，不服郡法院判决的案件，可以上诉至上诉法院民事庭。根据《1990年法院和法律服务法》，郡法院的民事案件管辖权不再受金额的限制，但仍然存在地域上的限制。原告不能随意挑选管辖地，而法院可在其认为适当的情况下处理任何地方的案件。根据《1984年郡法院法》的规定，郡法院的管辖权主要包括：基于合同或侵权的诉讼请求或基于成文法的金钱之债的诉讼请求；《1989年儿童法》项下的诉讼；根据《1988年婚姻诉讼程序》和《1989年儿童法》移送来的家事诉讼案件等。

(2) 高等法院管辖权

高等法院的民事管辖权几乎不受限制。高等法院后座分庭的管辖权最为广泛，除特别规定外，后座分庭审理除大法官分庭管辖以外的普通法民事事项，主要包括合同诉讼、侵权诉讼（典型案件如涉及交通事故、工伤事故、非法拘禁及医疗过失的人身损害赔偿案件）以及特别管辖权事项，如对下级法院、行政裁判所、公共机构及政府部长的裁决申请司法审查的公法案件、名誉权诉讼（包括书面诽谤和言语诽谤）以及其他法定争议（如商事、海事案件）。[1] 大法官分庭审理的案件与后座分庭存在部分交叉，但下列类型的案件专属大法官分庭管辖，即公司和个人破产及清算、行业及产业纠纷、抵押的执行、信托、有争议的遗嘱事项、工业产权及著作权纠纷；税收、城镇和乡村规划、租赁、合伙、有关精神病人的事项等。就上诉管辖权而言，对税务专员、专利署专员裁决提起的上诉以及有关破产案件的上诉由独任法官审理。家事分庭拥有初审管辖权和上诉管辖权。其初审管辖权包括家庭纠纷、离婚、亲子、收养、监护等方面的案件；上诉管辖权包括对郡法院的关于监护、收养等案件的初审判决的上诉。[2]

(3) 上诉法院管辖权

上诉法院民事审判庭主要审理来自高等法院三个分庭及郡法院的民事

---

[1] 徐昕：《英国民事诉讼与民事司法改革》，中国政法大学出版社，2002，第15－16页。

[2] 齐树洁主编《英国民事司法改革》，北京大学出版社，2004，第80页。

上诉案件。① 个别涉及社会公益的重大案件，可以越级直接向上议院（2009年10月1日起为英国最高法院）上诉。

（4）最高法院管辖权

《2005年宪法改革法》第40条规定了新成立的英国最高法院的管辖范围：最高法院作为高级档案法院（Superior Court of Record）受理对英格兰和威尔士上诉法院的民事案件的上诉（一般仅限于涉及重大的法律问题的案件），集合了上议院和枢密院司法委员会的管辖权。

对于行政案件的管辖，《1991年司法审查法》（Judicial Review Act 1991）作了专门规定。根据《1991年司法审查法》第二部分"管辖"（Jurisdiction）的规定，最高法院（Supreme Court）对依据本法提起的案件具有听审和决定的管辖权。具体受理行政案件的法院有高等法院后座分庭、上诉法院民事庭和最高法院三级。根据普通法上的传统和制定法的规定，对第一审行政案件享有管辖权的法院，一般只是高等法院中的后座分庭，而郡法院对行政案件没有管辖权。如果当事人对王座分院的判决不服，可以向上诉法院民事庭提起上诉，对上诉法院民事庭的判决不服，根据有关法律规定，还可以上诉于英国最高法院。

（二）大陆法系司法管辖制度

1. 法国司法管辖制度

法国存在普通法院系统和行政法院系统两套相互独立的司法体系。行政法院系统从高到低依次为行政最高法院（国政院 Conseil d'Etat）、行政上诉法院（Cour Administrative d'Appel）以及行政法庭（Tribunal Administratif）。司法法院系统从高到低依次为最高法院（Cour de cassation）、上诉法院（Cour d'appel）和初审法院。初审法院按照主管案件的性质不同，又分为：商事法院（191个）、就业法院（271个）、民事法院（175个）、郡法院（473个）、社会保障法院（116个）。

法国《新民事诉讼法》第三篇（Title Ⅲ）集中规定了管辖（Jurisdiction）：第1章第33至41条规定了事务管辖（Jurisdiction on Ratione Materi-

---

① 《1981年最高法院法》第15~18条。

ae);第 2 章第 42~48 条规定了地域管辖权（Territorial Jurisdiction）。Droits d'Urgence 协会[1]主席 Denis Chemla 在介绍法国的管辖问题时，采用三项标准在法院之间分配案件，即当事人性质、纠纷事项以及地域因素。[2]

（1）当事人性质标准

在法国制度中，当事人性质标准最为重要。法国法院系统根据当事人的性质不同分为两套相互独立的司法系统：司法法院和行政法院。行政法院对所有行政机构作为一方当事人的诉讼具有普遍管辖权。这种行政案件包括个人与国营的医院之间的争议，公司和各种政府实体之间的合同纠纷，并且通常政府及其机构作为被诉方。行政法院与司法法院有着完全不同的组织系统，并且都有各自的最高法院。当然行政法院与司法法院之间的界限有时也并不十分明确，有关管辖权争议交由专门的争议法庭（Tribunal des conflits）处理。即使在司法法院系统内部，当事人的性质也是关键的标准，如商人之间的商业纠纷必须到商事法院解决。

（2）事务管辖（compétence ratione materiae）

所谓事务管辖，主要是指在司法系统内，根据案件争议事项的性质以及争议金额确定管辖法院。法国对事务管辖权有着严格的规则。民事法院对所有涉及私人利益的争议具有管辖权，除非法律明确将管辖权给予其他法院。民事法院对特定纠纷，如不动产纠纷、家庭纠纷或者版权案件，具有排他性的管辖权。郡法院（County Court）对所有争议数额达到一定标准的民事案件和特定事项（如租赁纠纷、选举、少数民族保护等）具有管辖权。郡法院属于地方法院，被认为是与民众最为贴近的法院。商事法院对商人之间的商业纠纷以及破产程序具有管辖权。就业法院（Employment Court）对所有的与就业有关的纠纷具有专属管辖权。社会保障法院对于所有个人与国家社会保障部门之间的纠纷具有管

---

[1] 法国一个律师协会，成立于 1995 年，为弱势群体提供免费法律咨询服务。
[2] Droits d'Urgence 协会主席 Denis Chemla 在 2003 年 12 月 5 日"欧洲司法效率委员会"（CEPEJ）在 Strasbourg 举行的会议上作的有关"地域管辖"（Territorial Jurisdiction）的报告。

辖权。

上诉法院集中受理对所有初审法院判决的上诉。全国有35个上诉法院（每个行政区有1~2个），位于司法系统最顶端的是最高法院（the Cour de Cassation），分为三个部门：普通民事法庭、商事和金融法庭以及就业法庭。最高法院仅审理有关法律问题的上诉。

(3) 地域管辖

在法院之间分配案件最后要考虑的是地域因素。在法国，地域管辖（compétence ratione loci）是一个纯粹的"地理"概念，与普通法系的审判地规则（venue）相似。法国《民事诉讼法典》规定了地域管辖的详细规则。在决定何种类型的法院具有对案件的管辖权之后，原告必须决定将案件起诉到一个具体的法院，对于大多数案件而言，原告必须到被告住所地法院起诉（《民事诉讼法典》第42条）。然而在不动产案件中，必须到不动产所在地法院起诉（《民事诉讼法典》第44条）。在合同案件中，原告可以到被告住所地法院也可以到产生纠纷的合同履行地法院起诉（《民事诉讼法典》第46条）。侵权案件，原告可以到被告住所地法院起诉，也可以到损害发生地或者侵权结果出现地法院起诉（《民事诉讼法典》第46条）。另外，值得注意的是，合同当事人可能会将合同纠纷提交给一个通常不具有听审案件资格的法院，只要双方当事人是在商人本分范围内达成协议即可（《民事诉讼法典》第48条），即所谓的协议管辖。协议管辖是充分尊重当事人自由意志和保护当事人诉权的表现。

2. 德国司法管辖制度

德国属于联邦制国家，然而与美国不同，德国的联邦并没有独立的司法系统，联邦法院只是最高上诉法院。德国存在宪法法院和普通法院两大系统。这里仅介绍普通法院系统。《基本法》第95条规定了联邦的普通法院系统："对于普通、行政、财政、劳动和社会管辖，联邦应建立联邦正义法院、联邦行政法院、联邦财政法院、联邦劳动法院和联邦社会法院，以作为其相应的最高法院。"因此，德国有五套内部层次严整、相互平行的法院组织系统（见表1-4）。

表1-4 德国普通法院系统

德 国	普 通	行 政	财 政	劳 动	社 会
最 高	联邦法院	联邦行政法院	联邦税务法院	联邦劳动法院	联邦社会法院
第二审	州高等法院	高等行政法院		上诉法院	州社会法院
初 审	州法院 初级法院	行政法院	税务法院	第一审法院	第一审社会法院

德国法院的管辖权包括事务管辖权（Sachliche Zustandgeit）、地域管辖（gerichtsstand，ortliche Zustandgkeit）权以及协议管辖权三种。

（1）事务管辖

事务管辖是指某一法院对特定事项的管辖权。有关事务管辖的法律所规定的首先是，在将法院分成宪法法院、行政法院、刑事法院与民事法院的大系统分类中，某一法院所占的地位。这就是我们所说的"法院系统"（l'ordre de la juridiction）。就德国而言，事务管辖权是首先要确定属于宪法法院管辖还是属于行政法院、劳动法院、社会法院、财政法院抑或是普通法院管辖。由于民事案件属于普通法院管辖，因此，事务管辖权主要是处理民事案件的法律程序是从初级法院（Amtsgericht）开始还是从州法院（Landgericht）开始的问题。民事案件的事务管辖权规定在德国《法院组织法》第23条、第23a条、第23b和第71条中，仅在初审法院和州法院之间分配事务管辖权。立法者在确立管辖权规则时，依据各种理由，有时是依据争议所涉及利益的大小，最常见的还是依据案件的性质。

初级法院（Amtsgericht）作为级别最低的法院，主要位于一些小城镇，处理涉诉金额较低的民事案件：5000马克以下的财产诉讼；租赁合同案件；旅客和旅店、车辆运输人与货主之间的纠纷；关于家畜缺陷的一切争议；关于法定抚养费的争议；非婚生子女问题；亲属关系诉讼、破产和执行判决。

州法院（Landgericht）是一般民事案件的初审法院，也是初级法院的上诉法院。州法院作为初审法院对于所有未分配给初级法院的案件享有管辖权，尤其是，索赔额超过5000马克的案件以及初级法院具有专属管辖的家庭亲子关系案件之外的非索赔案件。① 州法院除初审管辖权外，对初级法院2万马克以上的判决有上诉管辖权。②

（2）地域管辖权（Territorial Competence）

按照《联邦德国民事诉讼法典》第12～37条，地域管辖属于被告的住所地法院，没有住所地的属于现在居住地的法院，现在居住地不明的属于最后住所地的法院。对于法人，其事务所所在地决定法院对它的地域管辖权。根据这些规定享有地域管辖权的法院称为有普通管辖权的法院。此外，作为补充，还有一些关于特别管辖权的规定。确定特别管辖权使用的标准一般为争执的某一个方面，如侵权行为的实施地、合同履行地。有时，按照这些规则（《联邦德国民事诉讼法典》第17～34条），几个法院都有管辖权，这种情形下，原告有选择权。在少数情形下，法典给予一个法院专属管辖权，例如，关于不动产所有权的诉讼必须在不动产所在地法院提出。其次，近年来又把审理需要专门知识的案件集中在大城市的法院，例如关于专利权的诉讼。③

（3）协议管辖权

有关各种财产的诉讼，即非有关身份的诉讼，事务管辖和地域管辖都能由双方当事人协议决定。这类协议是常见的，例如在合同或共同条件上列入一方当事人营业所所在地的法院对合同产生的争执有地域管辖权（《联邦德国民事诉讼法典》第38～40条）。如果被告就案件的实质作答辩而没有提出法院无管辖权，视为已接受该法院的管辖权。④

（三）两大法系"管辖权"比较

1."管辖权"含义不同

美国民事诉讼中的管辖权概念不同于大陆法系民事诉讼中的管辖权概念。英美法用"jurisdiction of a court"来表述法院的管辖权。"jurisdic-

---

① Burkhard Hess 教授在2003年12月5日"欧洲司法效率委员会"（CEPEJ）在Strasbourg举行的会议上作的有关"地域管辖"（Territorial Jurisdiction）的报告。
② 沈达明：《比较民事诉讼法初论》，中国法制出版社，2002，第159页。
③ 沈达明：《比较民事诉讼法初论》，中国法制出版社，2002，第160页。
④ 沈达明：《比较民事诉讼法初论》，中国法制出版社，2002，第160页。

tion"一词来自拉丁语,"juris"意思是"法律","dicere"意思是"说"、"宣布","jurisdiction"的字面含义是"宣布法律"。美国权威的布莱克法律词典将"jurisdiction"解释为"一个法院裁决案件或者签发命令的权力(A court's power to decide a case or issue a decree)"。①因此,"jurisdiction"本身就蕴涵着"司法权""审判权"的含义。另外,"jurisdiction"总是和某一个具体的法院联系在一起,是指某一个具体法院的审判权。美国法确定一个案件的具体的管辖法院时,总是通过确定"jurisdiction"和"venue"两套规则共同完成。"jurisdiction"用于确定哪些法院有对特定案件作出裁判的权力或者资格,"venue"用于确定这一权力行使的地点。因此英美法系中完整的管辖权概念范围很广,包括事务管辖权、对人管辖权以及审判地。

大陆法系用"competence"表述法院的管辖权,指的是在法院具有审判权的前提下,法院之间对所管辖的事项进行分工,以确定不同法院之间受理和审判案件的范围。②大陆法系将"审判权"和"管辖权"截然分开,例如德国关于"判决的效力"的通说认为,欠缺审判权的法院作出的判决无效,但欠缺管辖权的法院作出的判决仍属有效。③大陆法系的管辖权(主要指法定管辖权)包括两部分:事务管辖权与地域管辖权。英美法系的"管辖权"概念比大陆法系"管辖权"概念涵盖的范围要更广些,不仅包括审判权的含义,也包括大陆法系"管辖"与"主管"的内涵。

2. 概念不对接

我国学者在研究西方管辖制度时,通常会将美国法中的"对人管辖权"和"审判地"规则与大陆法中的"地域管辖"概念相混淆:有的将"venue"翻译成"地域管辖",④ 有的将"对人管辖权"认为是"地域管

---

① *Black's Law Dictionary*, seventh edition, Bryan A. Garner editor in Chief West Group, ST. Paul Minn., 1999, p. 855.
② 汤维建主编《美国民事诉讼规则》,中国检察出版社,2003,第19页。
③ 江伟主编《中国民事诉讼法专论》,中国政法大学出版社,1998,第126~127页。
④ 沈达明:《比较民事诉讼法初论》,中国法制出版社,2002,第75页;〔美〕弗兰德泰尔:《民事诉讼法》(第3版),夏登峻等译,中国政法大学出版社,2004,第9页。

辖权"。① "审判地规则"的确与大陆法系的"地域管辖"颇为相似,但是"审判地"是在有管辖权的法院中确定一个方便的审判地点,而"地域管辖"是确定法院是否有管辖权的因素之一。另外对人管辖权中也在一定程度上蕴涵着地域因素,即当事人必须与建立那一法院的主权领土有一定的联系,② 但是"对人管辖权"只能指向某一范围内的法院(比如,美国法中位于某一州的法院),而"地域管辖"指向的是确定的一个或几个法院。英美法系有时用"competence"来指对行使"对人管辖权"的限制,这里的"competency"和"venue"在同一意义上使用,与大陆法系的"competence"含义不同。③ 因此美国法中的"审判地规则"和"对人管辖权"与大陆法系的"地域管辖"并不完全对接。

3. 违反管辖权的法律后果不同

在英美法系中,如果法院对所审理的案件没有管辖权,当事人可以以法院违反宪法第14条修正案所规定的正当程序原则为由向最高法院上诉,请求宣告判决无效。而在大陆法系中,如果对案件没有管辖权的法院误认为有管辖权而作出本案判决时,该判决并非当然无效。如果判决违背专属管辖,判决当然违背法律,当事人可以作为上诉第三审的理由,以上诉获得救济。其余违背土地管辖或事务管辖的情形,当事人不得以原判决无管辖权为上诉理由,上诉法院也不得以原判决法院无管辖权为由废弃原判决。④

二 中国司法管辖制度及存在的问题

(一) 中国司法管辖制度

中国法院的管辖权通过法院组织法和诉讼程序法加以规定:首先在

---

① 李响:《美国民事诉讼法的制度、案例与材料》,中国政法大学出版社,2006,第94页。
② 〔美〕Robert C. Casad:《论美国民事诉讼中的管辖权》,刘新英译,《法学评论》1999年第4期。
③ Robert C. Casad, *Jurisdiction in Civil Actions* (second edition), Butterworth Legal Publishers, pp. 1 – 3.
④ 陈荣宗、林庆苗:《民事诉讼法》,(台湾) 三民书局,2002,第184页。

《法院组织法》中对管辖权进行授权,然后再由专门的程序法按照法院审级和地域分配案件。① 中国司法管辖包括民事诉讼、行政诉讼、刑事诉讼司法管辖,分别由《民事诉讼法》《行政诉讼法》和《刑事诉讼法》加以规定。由于我国《行政诉讼法》规定的行政管辖制度脱胎于民事诉讼管辖,因此本节仅就民事诉讼和行政诉讼管辖制度加以考察。

《法院组织法》第2条规定我国审判权由地方各级人民法院、军事法院等专门人民法院和最高人民法院行使,地方各级人民法院包括:基层人民法院、中级人民法院、高级人民法院。《法院组织法》和《民事诉讼法》《行政诉讼法》均规定各级人民法院有一审案件管辖权,实行两审终审制(最高人民法院的一审管辖案件除外)。《民事诉讼法》在第2章集中规定了民事案件的级别管辖、地域管辖、移送管辖和指定管辖等管辖制度。《行政诉讼法》在第3章规定了行政案件的管辖制度。这里仅介绍包括级别管辖和地域管辖在内的由法律直接规定的法定管辖,对于由法院确定的裁定管辖不予介绍。

1. 级别管辖

级别管辖,通常是指按照一定的标准划分各级人民法院之间受理第一审案件的分工和权限。② 法院组织法与诉讼法均规定基层法院、中级法院、高级法院和最高级法院有第一审管辖权。

(1)民事诉讼级别管辖

《民事诉讼法》第2章第1节规定了民事案件的级别管辖。首先,根据《民事诉讼法》第18条的规定,基层人民法院是第一审民事案件的主要管辖法院,除非法律另有规定。其次,《民事诉讼法》第19条规定了中级人民法院管辖的三类第一审民事案件:重大涉外案件、本辖区内有重大影响的案件以及最高人民法院确定由中级人民法院管辖的案件。《最高人民法院关于适用〈中华人民共和国民事诉讼法〉若干问题的意见》第1条对重大涉外案件进行了解释:所谓重大,是指争议标的额大,或者案情复杂,或者居住在国外的当事人人数众多。2002年2月25日颁布的《关

---

① 德全英:《中美法院制度的宏观比较与思考》,《法律科学》1999年第3期。
② 张卫平:《民事诉讼法》,法律出版社,2004,第87页。

于涉外民商事案件诉讼管辖若干问题的规定》第1条和第3条将五类涉外民商事案件划给中级人民法院集中管辖。最高人民法院确定由中级人民法院管辖的案件包括：专利侵权案件；著作权民事案件；重大涉港、澳、台民事案件；诉讼标的额或诉讼单位属省、自治区、直辖市以上的经济纠纷案件；证券虚假陈述民事赔偿案件；请求法院裁决仲裁协议效力的案件。第三，根据《民事诉讼法》第20条的规定，高级人民法院管辖本辖区内有重大影响的第一审民事案件。所谓重大影响，通常将诉讼标的额大作为衡量"有重大影响"的因素。最后，根据《民事诉讼法》第21条规定，最高人民法院主要审理在全国范围内有重大影响的案件和其认为应当由自己审理的案件。①

（2）行政诉讼级别管辖

《行政诉讼法》第13～16条分别规定了基层人民法院、中级人民法院、高级人民法院和最高人民法院的一审案件的管辖权。所依据的标准有：其一是案件性质，如确认专利权案件、海关案件；其二是被告的规格，如被告是国务院部门或省级人民政府；其三是案件的重要性，如复杂重大案件。《最高人民法院关于执行〈中华人民共和国行政诉讼法〉若干问题的解释》第8条对"重大、复杂"进行了解释，将被告级别、诉讼当事人人数（如共同诉讼、集团诉讼）、是否具有涉外因素作为判断此类案件的标准。为了进一步明确级别管辖的范围，2008年2月1日起施行的《最高人民法院关于行政案件管辖若干问题的规定》对《行政诉讼法》第14条第3项规定的应有中级人民法院管辖的第一审行政案件作出司法解释，将重大、复杂的案件归属中级人民法院管辖。所谓重大、复杂的案件，主要从被告身份、特殊类型案件的社会影响以及是否涉外或涉港、澳、台等因素加以衡量。

2. 地域管辖

（1）民事诉讼地域管辖

《民事诉讼法》确立了民事诉讼管辖的原则是"原告就被告"，即民

---

① 类似于美国的裁量管辖，不同的是，美国的裁量管辖权是针对上诉案件行使的，这里的最高人民法院的裁量权是针对一审案件的管辖。

事案件原则上由被告所在地法院管辖,并对被告进行区分,如果是个人,住所地与经常居住地不一致的,以经常居住地为准;如果是法人或其他组织,则为住所地。另外考虑到被告住所地无法查明或被限制等例外情况,如对不在中华人民共和国领域内居住的人提起的有关身份关系的诉讼、对下落不明或者宣告失踪的人提起的有关身份关系的诉讼、对被劳动教养的人提起的诉讼、对被监禁的人提起的诉讼,那么管辖法院则为原告住所地法院(《民事诉讼法》第 23 条)。

对于合同纠纷提起的诉讼,由被告住所地或者合同履行地人民法院管辖。在合同纠纷诉讼中,为了尊重当事人的自由意志,《民事诉讼法》第 25 条规定了协议管辖,但是限定了适用的条件:首先仅限于民事合同纠纷诉讼,并要求双方在书面合同中明确;其次只能在与诉讼有一定联系的几个地域的法院进行选择,如被告住所地、合同履行地、合同签订地、原告住所地、标的物所在地人民法院;第三,不得违反民事诉讼法对级别管辖和专属管辖的规定。另外,《民事诉讼法》对特殊的合同纠纷,如保险合同纠纷、票据纠纷、运输合同纠纷等,规定了相应的地域管辖。

对于侵权纠纷的诉讼,《民事诉讼法》规定由侵权行为地或者被告住所地人民法院管辖。对特殊的侵权事件,如交通事故赔偿诉讼、海事损害赔偿诉讼、海难救助费诉讼以及共同海损诉讼等,规定了相应的管辖地法院(《民事诉讼法》第 29~33 条)。

《民事诉讼法》规定了三类专属管辖案件:因不动产纠纷提起的诉讼,由不动产所在地人民法院管辖;因港口作业中发生纠纷提起的诉讼,由港口所在地人民法院管辖;因继承遗产纠纷提起的诉讼,由被继承人死亡时住所地或者主要遗产所在地人民法院管辖。

(2) 行政诉讼地域管辖

行政诉讼的地域管辖相对简单,《行政诉讼法》第 17~19 条规定了地域管辖的一般原则、例外情况和专属管辖。与民事诉讼地域管辖的原则相同,行政诉讼管辖原则上也是"原告就被告",由被告所在地法院管辖。对于经过复议的案件,如果"复议机关改变原具体行政行为的",管辖法院既可以是被告(复议机关是被告)所在地法院,也可以是原行为机关所在地法院。对限制人身自由的行政强制措施不服提起的诉讼,原告所在地、①被告所在地法院均具有管辖权。不动产案件由不动产所在地法院专属管辖。

(二) 中国司法管辖制度存在的问题

1. 管辖权概念狭窄单薄

我国民事诉讼和行政诉讼的管辖权，是指各级人民法院之间以及同级人民法院之间受理第一审民事或行政案件的分工和权限。②与西方管辖权的概念，尤其是与英美法管辖权概念相比，存在内涵不够丰满、外延过于狭窄的问题。管辖权本来是一个具有丰富内涵和宽泛外延的概念，但我国的管辖权概念仅仅摘取其中的一小部分。我国学者通常将法院的"司法权"或"审判权"按照法院审理案件的程序先后分解为"主管权""管辖权""审理权""裁判权"和"执行权"，③管辖权只是其中的一个阶段，甚至仅仅是案件受理阶段需要关注的技术性问题。管辖权与审判权的关系在某个层面上的确是部分与整体的关系，但不是将审判权本身分解，而是将整个法院系统的审判权在各类法院、各级法院乃至各个法院之间按照特定的标准进行分配，对于具体某一个法院而言，其拥有的管辖权就是对案件的完整的审判权，包括主管权、审理权、裁判权、执行权等。当然也有学者认识到"管辖权"与"审判权"进行割裂是不对的，认为管辖权应该包括对案件的审判权，④但是对"管辖权"的理解仍比较狭窄，仅从促进法院在受理案件之后能够及时有效地审理的角度将"管辖权"与"审判权"统一起来，而未将"主管权"纳入"管辖权"概念。

我国《民事诉讼法》和《行政诉讼法》则将法院的"主管"与"管辖"割裂开来。《民事诉讼法》第3条规定了人民法院的主管范围，即人民法院受理"公民之间、法人之间、其他组织之间以及他们相互之间因

---

① 根据《最高人民法院关于执行〈中华人民共和国行政诉讼法〉若干问题的解释》第9条，原告所在地包括原告的户籍所在地、经常居住地和被限制人身自由地。
② 张卫平:《民事诉讼法》，法律出版社，2004，第83页；黄川:《民事诉讼管辖研究：制度、案例与问题》，中国法制出版社，2001，第5页；杨海坤、黄学贤:《行政诉讼基本原理与制度完善》，中国人事出版社，2005，第131页。
③ 应松年主编《行政诉讼法学》，中国政法大学出版社，2002，第76页。
④ 杨寅、吴偕林:《中国行政诉讼制度研究》，中国法制出版社，2001，第110页。

财产关系和人身关系提起的民事诉讼"。《行政诉讼法》第 11 条列举了人民法院受理的行政案件的范围，第 12 条列举了不属于人民法院管辖的涉及公共权力行使的行为。有关受案范围的规定，《行政诉讼法》称之为"主管"。我国学者在论述法院主管与管辖的关系时，认为主管是法院与其他国家机关和社会组织解决民事纠纷或行政争议的权限与分工，它赋予法院总体的审判权；而管辖是确定法院内部受理第一审民事案件的权限和分工，它所要解决的是法院对具体案件行使审判权。[①] 然而《民事诉讼法》第 3 条和《行政诉讼法》第 11 条的规定不仅仅是区别法院与其他国家机关的权限，同时也界定了法院内部民事法庭与行政法庭的权限，从这个意义上，这些规定应该属于管辖制度的一部分。《最高人民法院关于执行〈中华人民共和国行政诉讼法〉若干问题的解释》第 6 条第 1 款"各级人民法院行政审判庭审理行政案件和审查行政机关申请执行其具体行政行为的案件"的规定，实际上是对《行政诉讼法》第 11 条的概括与总结，其规定在"管辖"标题之下，也证明了"受案范围"的规定实质上就是"管辖"的一部分，相当于域外的"事务管辖"。另外依照法律规定，法院对不属于其主管的案件行使审判权所作的裁判是没有效力的，这与西方有关违反事务管辖的效果规定是一致的。正如我国学者指出的那样，"主管"本身是"具有能动和强制色彩的行政性术语，不是严格意义上的法律术语"，[②] 因此，应该废除"主管"的概念，将"受案范围"纳入管辖制度范围，作为事务管辖的一部分，从而丰富"管辖权"概念。

2. 法院系统职能分层制缺失

域外法院体制的设置，无论是单轨制还是双轨制，一般都存在四级法院：简易法院（或小额法院或家庭法院）、普通一审法院、上诉法院以及最高法院，并且法院数目递减，呈"金字塔"型。这种金字塔形的设计

---

① 张卫平主编《民事诉讼法教程》，法律出版社，1998，第 98 页；黄川：《民事诉讼管辖研究：制度、案例与问题》，中国法制出版社，2001，第 10～11 页；应松年主编《行政诉讼法学》，中国政法大学出版社，2002，第 76 页。
② 傅郁林：《司法权与管辖权——伯特尔政府协会诉国务院案点评》，来源：中国诉讼法律网，http://www.procedurallaw.cn/wgf/200807/t20080724_40800.html，最后访问时间：2009 年 5 月 12 日。

强化了塔顶制定政策和服务于公共目的方面的功能,而"越靠近塔基的法院在直接解决纠纷和服务于私人目的方面的功能越强"。① 西方国家管辖制度的"事务管辖权"往往是在两个一般管辖权法院之间进行划分,或者在一般管辖权法院与少数专门法院之间进行划分,上诉法院和最高法院则一般作为上诉审法院,特别是最高法院很少管辖一审案件,主要起到维护法律统一的作用。② 这种以初审、上诉和终审的审级职能为中心,围绕着事实与法律、私人目的与公共目的之关系协调,对法院进行了明确的职能划分的制度就叫法院的职能分层制。这种优化的制度配置,一方面能够整合现有的司法资源使上下级法院形成专业化分工,有利于法官的职业化,另一方面契合了司法的金字塔结构,能够兼顾私权保护与法律统一适用的双重目的。③

与西方法院体制存在严格的职能分层制不同,由于在理念上一味追求实体的终极公正,我国法院组织法和诉讼法均规定了四级人民法院的一审管辖权,中级法院、高级法院和最高法院既是上诉法院又是一审法院,职能分层不明显。这种叠床架屋式的司法体制忽略了实施问题与法律问题、私人利益与公共利益、个案解决与统一法制之间的差异对上下级法院职能分层的要求,最终导致法院职能混淆、功能不清的弊端。④ 针对这种情况,有学者提出有必要建立法院职能分层制,剥离高级法院和最高法院的一审管辖权,使其作为上诉法院专门负责上诉案件的复审,以提高审判质量和司法权威。⑤

3. "级别管辖"有待向"事务管辖"回归

域外管辖制度一般分为"事务管辖"和"地域管辖",我国则采用"级别管辖"与"地域管辖"的分类。虽然国内许多学者将级别管辖等同

---

① 傅郁林:《审级制度的建构原理——从民事程序视角的比较分析》,《中国社会科学》2002 年第 4 期。
② 虽然有些国家,比如美国,其联邦最高法院对极少数特别案件也有初始管辖权(original jurisdiction),但这些案件已经不再是一般意义上的法律案件,并且数量极为有限。
③ 肖建国:《民事诉讼级别管辖制度的重构》,《法律适用》2007 年第 6 期。
④ 肖建国:《民事诉讼级别管辖制度的重构》,《法律适用》2007 年第 6 期。
⑤ 孙邦清:《民事诉讼管辖制度研究》,中国法制出版社,2008,第 95 页。

于西方的"事务管辖",① 然而二者含义差别较大。西方的事务管辖权是根据事务性质不同或诉讼标的额的多少将案件在专门法院与普通法院之间或初审法院之间进行分工。美国指在联邦法院系统的初审法院起诉还是在州法院系统的初审法院起诉;英国主要是处理郡法院和高等法院的一审管辖权的分割;法国根据金额大小在郡法院和民事法院之间分配,又根据案件的性质在商事法院、就业法院、社会保障法院等初审法院之间分配;德国是根据金额大小和案件性质在初级法院与州法院之间进行一审案件的分配,根据案件性质在行政法院、劳动法院、财政法院、社会法院与普通法院之间进行一审案件分配。而我国未实行法院职能分层制,各个级别的法院都有一审管辖权,因此所谓的级别管辖是指一审案件在各个级别法院的分工。与域外事务管辖采用标的额大小以及案件性质为标准不同,中国级别管辖的标准主要是案件在一定范围内是否有"重大影响",标准本身具有高度的相对性。尽管各地司法实践中也根据当地经济发展状况制定了涉诉金额标准,但这些标准庞杂,不够统一,缺乏公示性。针对级别管辖中存在的问题,有学者提出完善的进路:应借鉴国外的经验,采用案件性质和诉讼标的额相结合的办法明确基层法院或中级法院的管辖范围,将高级人民法院和最高人民法院管辖第一审民事案件的问题规定到转移管辖权这一规则中去,即认为在本辖区内或全国有重大影响的案件,以及其他应当由本院管辖的案件,根据这一规则提审。② 然而最为彻底的进路应该是在建立法院职能分层制的基础上,将级别管辖回归到事务管辖,重构相对明确的管辖标准并整合诉讼法有关法院主管与管辖的规定,建构符合现代程序理念的、先进的管辖制度。

4. 未凸显司法审查管辖自身特点

我国《行政诉讼法》有关管辖的规定基本上是照搬《民事诉讼法》的规定,包括级别管辖和地域管辖。然而,与以解决平等当事人之间的民事纠纷为主要职能的民事诉讼不同,行政诉讼是司法机关对行政机关作出的行政行为进行审查,更多体现了司法权对行政权的控制与监督。因此在

---

① 黄川:《民事诉讼管辖研究:制度、案例与问题》,中国法制出版社,2001,第6页。
② 黄川:《民事诉讼级别管辖制度的重构》,《法律适用》2007年第6期。

管辖设置上，民事诉讼更多地是以案件性质或大小确定合适的法院以及方便当事人诉讼或方便取证为原则选择合适地域的法院，而行政诉讼管辖制度设置则应该更多地关注司法权与行政权的关系。民事争议在进入法院之前，未经过任何权威机关的处理，因此法院在适用法律之前要先根据证据对事实问题进行认定。行政争议则不同，在进入法院之前，行政机关业已对事实问题和法律问题进行了处理，而法院作为适用法律的专家只需对法律问题进行条分缕析，而对行政机关作出的事实认定应给予一定的尊重，并且随着行政专业化程度的提高，这种尊重有进一步加强的趋势。正是基于行政裁决相当于初审法院的判断，西方国家通常规定司法审查案件的管辖由较高级别的法院开始的。《美国法典第28篇》第2342条规定，上诉法院对许多重要的行政机构的决定和命令拥有排他性的管辖权。英国法律规定，对第一审行政案件享有管辖权的法院，一般是高等法院中的后座分庭，而郡法院对行政案件没有管辖权。

我国《行政诉讼法》在设计管辖制度时，并未看到行政诉讼与民事诉讼在审查对象上的差异，而是照搬《民事诉讼法》有关管辖的规定，规定四级人民法院均有行政诉讼的一审管辖权。尽管最新颁布的有关行政诉讼管辖的司法解释在一定程度上扩大了中级人民法院的一审管辖权，但是其初衷也只是为了减少行政权对司法权的法外干预，并未真正认识到司法审查主要审查行政主体认定事实与适用法律是否正确，属于第二次适用法律，因此需要由较高级别的法院进行管辖。

三 反垄断司法审查管辖的概念与范围

（一）反垄断司法审查管辖的概念

如上所述，英美法系与大陆法系的管辖概念在内涵和外延上存在区别，而我国诉讼管辖概念更为狭窄，为了更好地说明管辖领域的相关问题，本书需要借鉴域外管辖的概念对反垄断司法审查管辖的概念进行重构。反垄断司法审查管辖，简言之，就是要确定反垄断司法审查案件的管辖法院，具体说来，就是当事人不服反垄断主管机关的决定向哪个法院请求审查反垄断主管机关的决定，从法院的角度来说，是指哪个法院拥有审查反垄断主管机关决定的管辖权。反垄断司法审查的管辖不单单指反垄断司法审查案件在不同级别和不同地区法院之间的分工，还包括管辖法院类型的确定，即是设立专门的行政法院或反垄断法院进行管辖还是由普通法院进行管辖。概言之，反垄断司法审查管辖法院的确定包括三个方面的内容：管辖法院的类别（普通法院还是专门法院）、法院级别（初审法院还是上诉法院）和地域管辖，并且不限于一审法院的管辖，还涵盖审级制度。

（二）反垄断司法审查管辖的范围

为了更好地确定我国反垄断司法审查的管辖法院，主要从以下几个方面研究反垄断司法审查的管辖：

1. 法院类型

鉴于域外反垄断司法审查的管辖法院有普通法院、专门法院以及行政法院，因此，要确定我国反垄断司法审查的管辖法院，第一步就是要确定由何种类型的法院进行管辖。我国虽然未设立单独的行政法院，但是在人民法院内部，民事法庭、行政法庭和刑事法庭分立，并且在未来的司法改革中，也有不少行政法学者建议设立单独的行政法院，因此本书在探讨法院类型时会讨论是否有必要设立行政法院审查反垄断行政案件。另外，鉴于反垄断案件的专业性的特点，有些国家设立了专门法院管辖。即使那些未设立专门法院的国家也对设置专门竞争法院的必要性进行着热烈的讨论。我国上海市第一中级人民法院也有设立反垄断专门法庭的尝试，因此对反垄断司法审查是否实行专门法院或专门法庭管辖，也属于反垄断司法审查管辖的研究范围。

2. 级别管辖

根据司法审查的规律，行政案件的专业化程度与裁决程序都对司法审查的管辖有影响。通常，行政案件越专业，裁决程序越严格，对司法审查初审法院的级别要求就越高，也就越节省司法审查的审级。由于反垄断案件具有较强的专业性并且适用于严格的行政裁决程序，西方国家的反垄断法通常选择由级别较高的法院对反垄断案件进行司法审查。例如，在美国，联邦贸易委员会的决定可以直接上诉到联邦上诉法院；德国联邦卡特尔局和日本公平交易委员会的决定都是直接由高等法院管辖。我国在选择反垄断司法审查管辖法院时也应该考虑赋予反垄断执法机关准司法地位，提升级别管辖，直接由级别较高的法院进行司法审查。

3. 地域管辖

我国《行政诉讼法》规定以被告所在地法院管辖为地域管辖的一般原则，原因是依据行政区域管辖的划分，行政主体所在的区域通常是行政案件发生地，并且作为行政主体的被告的地址相对于原告较为固定，因此被告所在地法院管辖符合便利原则。当然，也有学者对行政诉讼地域管辖的一般原则提出批评，认为不方便原告起诉，不利于保护原告的诉权。的确，在目前我国法院完全按照行政区划设置的情况下，这种批评不无道理，毕竟被告所在地法院有时很难抗拒地方的行政干预。但是就反垄断案件而言，反垄断司法审查的地域管辖还应以被告所在地法院管辖为原则，因为管辖较为集中有利于管辖法院积累审判专业性案件的经验。另外，从域外经验看，除了美国之外，域外反垄断司法审查的地域管辖也大多选择被告所在地法院管辖。

4. 行政复议与司法审查的关系

行政复议与司法审查分别作为行政案件的行政救济手段和司法救济手段，两者之间在反垄断案件中到底存在什么样的关系，将会影响到反垄断司法审查管辖法院的确定。我国《反垄断法》对特定反垄断案件规定了复议前置程序，目的是充分运用行政专业知识，对即将进入司法救济渠道的行政案件起到过滤和分流作用。但是依照现行行政复议制度，这类案件由反垄断执法机构自身作为行政复议主体进行复议，这种自我纠错机制是否能够发挥《行政复议法》预设的作用值得怀疑。为了避免行政复议流于形式，真正发挥行政复议快捷高效的救济作用，有必要对反垄断复议机构进行重构，而反垄断复议机构的重构必将对司法审查管辖法院的确定产生影响。

5. 监管行业反垄断行政案件的管辖

随着现代行政的日趋复杂，某些自然垄断或关系到国计民生的经济领域或部门需要国家设置专门的监管机构对其市场准入、价格、利润甚至生产手段等进行规制。这些监管行业同样存在竞争事务，那么如何分配监管行业内的反垄断管辖权成为一个较为棘手的问题。在监管行业反垄断权力的归属上,各国有不同的做法,有的国家采取反垄断机构与监管机构共同管辖的模式,有的国家采取由监管机构或反垄断机构单独管辖的模式。我国监管行业的反垄断管辖权由谁行使,法律并没有明确,实务部门通常倾向于由监管机构执行。本书在研究反垄断司法审查管辖问题的过程中,将会论述到监管行业反垄断执法权的归属,因为该问题直接影响到反垄断司法审查管辖法院的确定。

第二章
域外反垄断司法审查管辖模式

所谓模式，是指某一系统结构状态或过程经过简化、抽象所形成的样式。① 域外有关反垄断司法审查的管辖法院异常复杂，要归纳出彼此区别和独立的管辖模式有些困难，为了对纷繁复杂的管辖法院有一个类型化的分析，本书根据审查法院是普通法院、专门法院还是行政法院，将域外反垄断司法审查的管辖分为三种模式，即普通法院（上诉审）模式、专门法院模式和行政法院模式。

第一节 普通法院模式

一 普通法院模式的含义和特征

（一）普通法院（上诉审）模式的含义

反垄断司法审查管辖的普通法院模式是指对反垄断行政机关作出的反垄断行政行为进行司法审查由普通法院管辖的模式。由于普通法院管辖的反垄断司法审查案件一般都是直接由上诉法院作为一审法院，因此，普通法院模式也叫上诉法院模式或上诉审模式。实行普通法院模式比较典型的

---

① 傅思明：《中国司法审查制度》，中国民主法制出版社，2002，第4页。

国家有美国、加拿大、日本、韩国、德国、法国[①]和比利时等。

美国 1914 年《联邦贸易委员会法》第 5（c）条规定，任何个人、合伙人或公司，被委员会命令停止使用某种竞争方法或行为时，"在该停止令送达后的 60 天内，可以向其居住地、营业地或受争议的竞争行为实施地的美国上诉法院提出书面申诉，请求法院审查并撤销这个命令"。[②] 联邦贸易委员会组织法关于司法审查管辖法院的特别规定与有关美国联邦上诉法院管辖权的规定相一致。《美国法典第 28 篇》第 2342 节规定，上诉法院对许多重要的行政机构的决定和命令拥有排他性的管辖权，有权禁止、撤销、中止（全部或部分）这些行政机构的决定和命令，或决定其效力。

加拿大根据《竞争裁判所法》第 3（1）条成立竞争裁判所。[③] 加拿大《竞争裁判所法》第 13（1）条规定，对竞争裁判所的决定或命令不服可以向联邦上诉法院（the Federal Court of Appeal）提起上诉，竞争裁判所相当于联邦法院（the Federal Court）。[④]

[①] 虽然法国实行的是普通法院与行政法院双重管辖体制，但是将之归入普通法院模式是基于下面的思考：2009 年 1 月 13 日之后法国竞争执法体制发生了重大变化，根据 2008 年 8 月 4 日的 2008 - 776 号《经济现代化法》（Loi de modernisation de l'économie），法国于 2009 年 1 月 13 日成立竞争管理局代替之前的竞争审议委员会，并且有权对并购案件作出最终决定，经济部长只有少数例外情况下才会对并购案件进行干预。尽管并购案件的司法审查管辖权并未随着并购裁决权的调整而从行政法院转移到巴黎上诉法院，但是随着竞争管理局日益成为竞争法的唯一执行机关而经济部长在竞争事务中的日益式微，相信目前这种对同一个机关（竞争管理局）作出的并购决定和非并购决定分属不同法院系统管辖的状况将会终结。

[②] 美国法典第 15 篇 45 节（c）款，英语原文来源于康奈尔大学法学院网站，http://www.law.cornell.edu/uscode/15/usc_sec_15_00000045——000 - .html，最后访问时间：2009 年 11 月 13 日。

[③] 关于加拿大竞争裁判所的性质，加拿大《竞争裁判所法》第 9（1）条明确规定加拿大竞争裁判所是档案法院（或称记录法院），属于法院系统。然而加拿大竞争裁判所又不同于一般的法院，其成员不全是法官（仅有不超过 6 名法官），而是由法官和具有专业领域专长（如商业、经济学、统计学等）的非法律成员共同组成。因此加拿大竞争裁判所在性质上属于准司法机构的裁判所。

[④] 1971 年加拿大成立了由上诉庭和审判庭组成的联邦法院代替 1875 年模仿英国建立的加拿大财务法院（the Exchequer Court of Canada），2003 年 7 月 2 日《法院行政服务法》（the Courts Administration Service Act）生效之后，加拿大联邦法院的上诉庭和审判庭分别独立形成现在的联邦上诉法院与联邦法院。

日本《禁止私人垄断及确保公平交易法》（Act No. 35 of 2005）第77条规定，撤销公平交易委员会决定的诉讼应在决定生效之日起30日（命令采取第8-4条第1款措施的审决为3个月）内提起。第85条规定，《行政事件诉讼法》第3条第1款规定的涉及公平交易委员会裁决的上诉案件的一审管辖权属于东京高等法院（the Tokyo High Court）。[①] 东京高等法院对撤销公平交易委员会这样的准司法机构裁决的案件享有排他性的初审管辖权（exclusive original jurisdiction）。韩国《规制垄断及公平交易法》第54条也有类似的规定：对公平交易委员会的处理不服的，应当自接到处分通知之日或者收到关于异议申请的裁决书的正本之日起30日内，向具有专属管辖权的首尔高等法院（高级法院）提起诉讼。

根据德国《基本法》第92条规定，德国的行政法院与普通法院一起行使司法权。德国《行政法院法》第40条第1款规定："一切未被联邦法律划归为属其他法院管辖的非宪法性质的公法上的争议，对之均可提起行政诉讼。"德国《反对限制竞争法》第63条第4款明确将针对卡特尔机构的决定提出的抗告归民事法院管辖，"卡特尔当局所在地有管辖权的州高等法院享有排他性的管辖权"。当事人对行政罚款决定不服，要先申请卡特尔当局复议，然后可以上诉到高等法院（《反对限制竞争法》第83条）。德国《反对限制竞争法》第95条规定："依本法对裁决有管辖权的法院系专属管辖。"1999年作为德国联邦反垄断主管机关的联邦卡特尔局从柏林迁往波恩，相应的管辖法院也从柏林高等法院变为波恩所在地的多塞尔多夫州高等法院（Dusseldorf Higher Regional Court），该法院对联邦德国的反垄断司法审查专属管辖。

法国，作为行政法母国，其行政法院早已闻名遐迩，对竞争审议委员会作出的反垄断裁决，最初的法律（86-1243号命令）规定由最高行政法院作为救济机关。然而1987年7月6日的87-499号法令则修订了上述规定，由巴黎上诉法院（Cour d'appel de Paris）受理不服竞争审议委员会

[①] Prohibition of Private Monopolization and Maintenance of Fair Trade（Act No. 35 of 2005）English Translation.

决定的上诉，对于经济部长享有决定权的并购案件，仍由最高行政法院（the Conseil d'Etat）管辖，形成双重管辖体制。由普通法院管辖特殊行政案件是法国不断扩展普通法院管辖权的表现。① 竞争案件当事人和部长接到竞争审议委员会决定的通知后可以在一个月内上诉（《商法典》第 L. 464 – 8 条）；中间措施的上诉期限为 10 日（《商法典》第 L. 464 – 7 条）。巴黎上诉法院具有排他性管辖权，具体由第一审判庭受理。② 2009 年 1 月 13 日之后，法国竞争执法体制发生了重大变化，根据 2008 年 8 月 4 日《经济现代化法》（Loi de modernisation de l'économie）成立的竞争管理局取代竞争审议委员会，并进一步扩大了执法权限，从经济部长那里取得并购案件裁决权，经济部长仅在少数例外情况下对并购进行干预。但是司法审查管辖体制并未发生变化，对于并购决定，无论是经济部长在少数干预的情况下作出的，还是新成立的竞争管理局作出的，仍由最高行政法院（the Conseil d'Etat）管辖。因此巴黎上诉法院的司法审查管辖权仅限于对非并购案件的审查。

在比利时，对比利时竞争审议委员会（the Competition Council）及其主席作出的决定不服，上诉机关是布鲁塞尔上诉法院（the Brussels Court of Appeals），上诉必须自接到相关决定的通知时起 30 日内提起（《竞争法》第 75 条）。③

---

① 法国随后不断出台法律扩展普通法院的管辖权，如根据 1989 年 8 月 2 日的法律，巴黎上诉法院有权裁决不服证券交易委员会决定的上诉；根据 1996 年 7 月 12 日的法律，巴黎上诉法院有权裁决不服通信管理当局决定的上诉。
② Christophe Clarenc, Latham & Watkins (Paris), Frédéric Pradelles, Latham & Watkins (Paris), Antitrust Encyclopedia: France, November 2007.
③ 但是依照 2006 年《经济竞争保护法》（2009 年修订）第 77 条的规定，对于部长议会（the Council of Ministers）作出的涉及并购案件的决定，上诉机关是最高行政法院（Conseil d'Etat）。部长议会可以基于公共利益的考虑（包括国家安全、相关领域在国际上的竞争能力、消费者或雇员的利益，并且当这些利益高于并购对竞争的影响）对竞争审议委员会所禁止的并购予以豁免（《经济竞争保护法》第 60 条）。另外，根据《经济竞争保护法》第 79 条规定，对于比利时行业监管机构依照竞争法作出的决定，可以上诉到比利时竞争审议委员会，然后直接上诉到最高法院（the Court of Cassation）。参见 Geert A. Zonnekeyn, Monard d'Hulst (Kortrijk), Antitrust Encyclopedia: Belgium, November 2007。

（二）普通法院模式的特征

1. 地域管辖上多为专属管辖

反垄断司法案件由普通法院系统的上诉法院管辖是从"事务管辖"的角度切入的，然而，各个国家的上诉法院不止一个（加拿大例外，仅有一个联邦上诉法院），如美国有12个普通上诉法院，法国本土有35个上诉法院，究竟由哪个法院具体管辖反垄断司法审查案件必然会涉及地域管辖问题。根据美国《联邦贸易委员会法》的规定，原告可以选择在其居住地、营业地或行为实施地的上诉法院提起上诉。因此美国11个上诉法院和哥伦比亚特区上诉法院均有可能成为竞争案件的司法审查法院。除了美国之外，其他大部分国家反垄断司法审查实行的则是由反垄断主管机关所在地的上诉法院专属管辖。在日本，对公平交易委员会作出的裁决不服，当事人只能直接向东京高等法院申诉，东京高等法院对反垄断案件具有排他性的管辖权。[①] 韩国《规制垄断及公平交易法》也有类似的规定：对公平交易委员会的处理提起不服之诉的，由公平交易委员会所在地的首尔高等法院专属管辖。德国联邦卡特尔局自1999年由柏林迁至波恩，对联邦卡特尔局裁决进行司法审查的管辖法院相应由柏林高等法院转移到了波恩所在地的多塞尔多夫州高等法院。法国反垄断行政案件的审查是由被告所在地的巴黎上诉法院（第一审判庭）专属管辖。布鲁塞尔竞争审议委员会的决定由布鲁塞尔上诉法院（第十八审判庭）专属管辖。

2. 审查标准存在两种模式

审查标准（standard of review）是指上诉法院在审查下级法院或裁判所的决定时给予尊重的程度。严格的审查标准意味着如果审查法院认为下级法院的决定存在错误就会改变或撤销该决定。宽松的审查标准要求对所审查的决定予以尊重，不会仅仅因为审查法院对事务作出不同的决定就变更原决定，只有审查法院认为存在明显错误时才会变更原决定。各国的审查标准由法律、原则或判例加以确定。对于反垄断行政案件而言，虽然同

[①] 东京高等法院对反垄断案件实行专属管辖还包括对依据反垄断法提起的民事赔偿诉讼案件的管辖。当然，当事人基于成本的考虑也可以选择依据民法典提起民事赔偿损害诉讼，以便不受专属管辖的限制，可以在全国任何一个法院起诉。

样实行普通上诉法院管辖，但是存在两种不同的审查标准：美国、加拿大和日本对行政决定的事实问题给予更多的尊重，而德国、法国和比利时则实行较为全面的审查。

美国《联邦贸易委员会法》第5（c）条规定："委员会关于事实的裁定如果有实质性的证据支持，将是终局性的。"加拿大《竞争裁判所法》第13（2）条规定对竞争裁判所有关事实问题的上诉必须取得联邦上诉法院的许可。日本《禁止私人垄断及确保公平交易法》第80条规定，公平交易委员会作出的事实认定，如果有实质性证据支持，对司法审查法院有拘束力，但实质性证据的有无由法院判断。美国、加拿大和日本作这样的规定一方面是因为行政裁决机关在竞争事实问题认定上具有专业权威，另一方面也与其本国的司法审查传统相一致。美国联邦贸易委员会、加拿大竞争裁判所和日本的公平交易委员会是严格意义上的准司法机构，其裁决由竞争方面的专家作出，因此，普通上诉法院对这些准司法机构作出的事实问题一般都会给予较高程度的尊重。另外，美国司法审查传统中的"案卷原则"和"实质证据规则"均要求审查法院对行政机关有关事实的认定给予适当的尊重。[1] 日本1962年通过的《行政事件诉讼法》虽然采用了大陆法系的职权主义原则，对所有法律与事实问题作出裁决（第24条），但往往会通过单项立法（如《电波法》《矿业法》等）的形式吸收美国的实质证据规则，以尊重行政机关从专业性、技术性及政策角度作出的事实判断，并避免重复审查事实的弊端，上述日本《反垄断法》第80（1）条的规定即是这样的例子。

欧洲国家普通上诉法院对反垄断主管机关的裁决实行全面审查。德国

---

[1] 美国司法传统认为上诉法院应该尊重实行陪审团制的初审法院所确定的事实。而司法审查作为特殊形式的"上诉"，事实问题由类似于初审法院地位的行政机关解决，类似于上诉审的司法审查仅限于审查法律问题。另外美国早在1947年就出台了完备的《行政程序法》，由调查、听证、公开、公众参与等构成的严密的行政程序是控制行政行为的主要力量，而法院作为法律解释机关，是最终解决法律问题的权威机构。为了保持行政自主（administrative automomy）和司法审查之间的平衡，美国发展出"案卷原则"（法院对未记录在案的证据不予审查）和"实质证据规则"（法院对于由实质证据支持的事实问题予以尊重）。参见 Susannah T. French，"Judicial Review of the Administrative Record in NEPA Litigation"，*California Law Review*，Vol. 81，No. 4（July，1993），pp. 929 – 990。

《反对限制竞争法》(2005年第7次修订)规定高等法院会重新审理案件事实问题(第71条),抗告可以以新的事实和证据为依据[第63(1)条],法院会亲自调查案件事实[第70(1)条]。① 巴黎上诉法院对竞争委员会的决定进行全面审查(程序方面、事实问题以及罚款数额),具有完全管辖权(pleine juridiction)。② 布鲁塞尔上诉法院在审查对竞争审议委员会或总统的裁决的上诉时拥有完全管辖权(full jurisdiction)。③ 2006年新的竞争法结束了2005年9月15日布鲁塞尔上诉法院在L'Echo案例中的判决④引起的有关上诉法院管辖权范围的不确定性。

欧洲国家上诉法院实行全面管辖权符合其民事诉讼法传统,上诉法院对较低级别的法院的裁决既进行事实审查又进行法律审查,也符合《欧洲人权公约》第6条有关公正审判的要求。⑤ 当然,欧洲国家上诉法院的审查强度也发生着一些变化,尤其是欧共体初审法院在Commission vs. Tetra Laval案件中确立了新的审查标准,改变了以往采取的重新审查的标准,法院给予欧共体委员会裁决以更多的尊重。欧共体这种竞争领域新的司法审查标准必然会影响到成员国内的竞争法司法审查标准。虽然法国目前并未降低审查强度,甚至对国内竞争主管机关采取更加严格

---

① Florian Wagner – von Papp, University College (London), Antitrust encyclopedia: Germany, November 2007.

② 例如,巴黎上诉法院2007年6月26日判决,将竞争审议委员会(Competition Council)在the Luxury Perfumes Distribution案中作出的罚款减少了近二分之一。

③ Annual Report on Competition Policy Developments in Belgium 2004, submitted by the Belgian Delegation to the Competition Committee for discussion at its meeting on 1 – 2 June 2005.

④ 在L'Echo案例中,布鲁塞尔上诉法院认为法院只能撤销而不能代替竞争审议委员会自行作出并购决定。

⑤ 欧洲人权公约第6条规定了公正审判权,包括任何人在其民事权利和义务受到影响或受到刑事指控时,有权在合理的时间内得到一个法定的独立公正的裁判机构对其公开、公正的审理。欧洲人权法院在Le Compte v. Belgium案的判决中指出:基于效率方面的原因,决定个人民事权利义务或刑事指控和处罚时可以由行政机关作出,只要当事人能够将裁决提交给一个能够充分保障《欧洲人权公约》第6(1)条权利、拥有完全管辖权的司法机构进行审查。参见Donald Slater, Sebastien Thomas, Denis Waelbroeck, "Competition Law Proceedings before the European Commission and the Right to a Fair Trial: No Need for Reform", *the Global Competition Law Centre Working Paper* 04/08. http://www.gclc.coleurop.be. 最后访问时间:2010年2月4日。

的标准,但是对国内管制行业的竞争决定还是采取了较为宽松的审查标准。①

3. 原则上均可以上诉到最高司法机关

美国上诉法院审查联邦贸易委员会决定所作出的判决原则上可以上诉到联邦最高法院。美国1911年《司法法》第240条规定:上诉法院的判决和命令依照本条规定是终局的,联邦最高法院通过调卷令可以审查。美国《联邦贸易委员会法》第5(c)条规定,上诉法院确认、撤销委员会决定的判决是终局的,除非联邦最高法院根据《美国法典第28篇》第1254节规定通过调卷令(certiorari)进行审查。② 根据加拿大《最高法院法》的相关规定,当案件涉及公共重大问题时,联邦上诉法院的当事人在联邦上诉法院的许可下可以向加拿大最高法院上诉。日本东京高等法院和韩国首尔高等法院的反垄断司法审查判决原则上可以上诉到最高法院,但是实际生活中很少发生。日本诉讼程序为三审终审制,上告审为第三审,仅对法律问题进行审查。韩国《规制垄断及公平交易法》第53~55条规定,对首尔高等法院的行政诉讼不服还可以向最高法院(the Supreme Court)上诉。1999年首尔高等法院(the Seoul High Court)在Posco案件中维持了韩国公平交易委员会(the KFTC)对Posco公司滥用优势地位行为作出的行政罚款的决定,而2007年韩国最高法院(the Supreme Court)撤销了首尔高等法院的判决并发回重审。③ 在德国,对高等法院的判决不服可以进一步向位于卡尔斯鲁厄(Karlsruhe)的联邦司法法院(the Federal Court of Justice in Karlsruhe)提起法律抗告(《反对限制竞争法》第74、84条)。在法国,对巴黎上诉法院的判决不服可以在一个月内上诉到

---

① Petit, Nicolas and Louise, Rabeux, Judicial Review in French Competition Law and Economic Regulation – A Post – Commission v. Tetra Laval Assessment (October 26, 2008). Available at SSRN: http://ssrn.com/abstract = 1290143. 最后访问时间:2010年2月13日。

② 美国法典第15篇45节(c)款,英语原文来源于康奈尔大学法学院网站,http://www.law.cornell.edu/uscode/15/usc_ sec_ 15_ 00000045——000 -.html,最后访问时间:2010年3月13日。

③ Karen Yookyung Choi, Min – Ho Lee, "Korea: Abuse of Dominance", from "The Asia – Pacific Antitrust Review 2009", Law Business Research Ltd. 1998 – 2009, http://www.globalcompetitionreview.com. 最后访问时间:2010年2月15日。

最高法院（the Cour de cassation），最高法院只能进行法律审。① 比利时布鲁塞尔上诉法院的判决可以就法律问题和程序问题上诉到最高法院（Cour de Cassation）(《竞争法》第81条)。②

二 普通法院模式的成因分析

美国和加拿大反垄断司法审查案件由联邦上诉法院管辖符合美国和加拿大司法审查法院管辖的一般规则。美国对联邦政府的行为进行司法审查最主要的法院是上诉法院。地区法院虽然具有广泛的管辖权，但是对于重要的行政决定，法律一般规定直接由上诉法院审查，不经过地区法院，因为适用严格的行政裁决程序作出决定的行政机关相当于初审的地区法院。加拿大《联邦法院法》规定了联邦上诉法院的司法审查管辖权。加拿大联邦上诉法院有权听审和决定来自《联邦法院法》（the Federal Courts Act）第28（1）条（a）至（p）所列举的联邦局、委员会和裁判所的司法审查申请，其中包括审查根据《竞争裁判所法》（Competition Tribunal Act）第3（1）条成立的竞争裁判所的决定。

除了美国和加拿大之外，其他国家反垄断司法审查实行上诉法院管辖模式对于本国来说都是比较特殊的规定，不同于其法院管辖的一般规则。例如，日本的行政诉讼虽然也属于普通法院管辖，但是一般由地区法院作

---

① 最高法院对巴黎上诉法院的判决进行严格控制。在著名的 NMPP/MLP 判决中，最高法院 quashed 并撤销了巴黎上诉法院 2005 年 7 月 12 日 04-12388 号判决（维持了竞争审议委员会对法国最大的出版分销商 NMPP 采取中间措施的决定），理由是巴黎上诉法院没有找到经济上可行的其他直接进入 Press 2000（NMPP 拥有知识产权的软件系统和数据库）的方法。2007 年 6 月 29 日，最高法院部分撤销了巴黎上诉法院 2006 年 12 月 12 日维持竞争审议委员会在移动电话卡特尔案中决定的判决。最高法院认为判决缺少证据支持，因为巴黎上诉法院没有实质性确认 Bouygues Telecom、Orange 和 SFR 之间交换资料会产生反竞争效果。参见 Christophe Clarenc，Latham & Watkins（Paris），Frédéric Pradelles，Latham & Watkins（Paris），Antitrust Encyclopedia：France，November 2007.

② 另外，根据 2006 年新的《竞争法》的规定，对新竞争法的解释相关的问题由最高法院审查，而不再由布鲁塞尔上诉法院审查。竞争审议委员会可以直接就先决问题提交给最高法院。参见 New Belgian Competition Act: the Dawn of A New Era? Freshfields Bruckhaus Deringer，September 2006，http：//www.freshfields.com/publications/pdfs/2006/16325.pdf. 最后访问时间：2010 年 3 月 10 日。

为初审法院，反垄断案件直接由东京高等法院专属管辖的模式比较特殊。再如韩国，行政诉讼案件一般由位于首尔的专门的行政法院管辖，首尔高等法院则作为行政诉讼的第二审法院，像这种直接由首尔高等法院对反垄断行政决定进行司法审查的管辖模式实非一般。对于实行专门行政法院体制的德国、法国和比利时，由普通法院管辖公法的案件更是少见。那么是究竟什么原因使得这些国家选择这种特殊的管辖模式值得深入思考。考察这些国家的反垄断行政执法实践不难发现，反垄断司法审查模式的选择与这些国家反垄断主管机关的特殊地位以及严格的反垄断行政裁决程序息息相关。

（一）反垄断主管机关具备高度独立性

1914年美国国会根据《联邦贸易委员会法》设置了美国联邦贸易委员会（Federal Trade Commission，FTC），直接隶属于总统，属于联邦行政机构。美国《联邦贸易委员会法》第1条规定了委员会的组成、人员任命、政党限制、任期、从业禁止等，从而保证委员会的独立性。[①] 早在1914年美国联邦贸易委员会成立之时，作为《联邦贸易委员会法》主要起草人之一的Albert Cummins曾预言新成立的委员会"将被认为是国会通过经济管制的方式给予美国人民最有效的保护（the most efficient protection to the people of the United States that Congress has ever given the people by way of a regulation of commerce）"。虽然在20世纪60年代末期，委员会的工作遭到了激烈批评，甚至被怀疑是否有继续存在的必要，然而40年后，联邦贸易委员会仍然屹立于世界竞争机构与消费者保护机构的前列，成为大

---

① 《联邦贸易委员会法》第1条："本法创立的委员会，称为联邦贸易委员会，由5名委员组成，委员经参议院推荐和同意由总统任命。同一政党的委员不得超过3名。第一任委员从1914年9月26日起，任期为3年、4年、5年和7年，每一委员的任期由总统制定，其继任者的任期为7年，但继任委员空缺者只在被继任委员的空缺期内任职，委员在其任职届满后可继续任职，一直到任命出继任者为止。总统从具有委员资格的人中，选出委员会主席一人。委员不得从事其他商业、职业或其他工作。任何委员会因为不称职、玩忽职守、渎职而被总统解除职务。委员会内部职务空缺不会影响在任者行使委员会的全部权力。"

多数国家效仿的对象。[1] 美国联邦贸易委员会在近百年的时间里所取得的成就与其超然的独立地位分不开。

在加拿大，竞争专员（the Commissioner of Competition）经过调查之后，须向竞争裁判庭（the Competition Tribunal）申请对受调查行为和并购进行裁决。加拿大竞争裁判庭属于记录法院，具备法院所特有的司法独立性。从人员组成上来看，竞争裁判庭是一个混合型的准司法裁决机构（a mixed quasi-judicial adjudicative body），由司法和非法律人士组成，[2] 成员由总督根据司法部长的建议任命。

日本反垄断法第27条规定，依照1999年第89号法案《成立内阁办公室法案》（the Act on Establishment of the Cabinet Office）第49条第3款，成立公平交易委员会（the Fair Trade Commission）。公平交易委员会虽然在行政上隶属于内阁总理（第27条第2款），但实际上是作为独立机关，只在预算上受到限制，公平交易委员会主席及四名委员可独立地行使职权（第28条），不受内阁干预。公平交易委员会主席和委员的任命有着严格程序：经参众两院同意，由内阁总理大臣任命，并且主席的任免须经过天皇承认（第29条第2、3款）。为了确保委员会的独立地位，委员会成员的任期及在整个任期期间的身份是受到保障的（第30、31条）。[3]

韩国公平交易委员会（KFTC）是韩国政府于1981年单独设立的对垄断和不公平交易问题进行统一管理的部门。该委员会直属国务总理，与国务院各部处于同一级别，直接向总理报告，不受其他各部的直接影响（第35条），并且比其他部具有更大的独立性。[4] 委员会由包括委员长在

---

[1] "The Federal Trade Commission at 100: Into Our Second Century", presented by William E. Kovacic (Chairman of U. S. Federal Trade Commission) before the 21st Annual Western Conference of the Rutgers University Center for Research in Regulated Industries, Monterey, California, June 18, 2008.

[2] Yves Bériault, Oliver Borgers, "Canada: Overview", from "The Antitrust Review of the Americas 2010", Law Business Research Ltd., http://www.globalcompetitionreview.com. 最后访问时间：2010年2月13日。

[3] Prohibition of Private Monopolization and Maintenance of Fair Trade (Act No. 35 of 2005) English translation.

[4] KFTC 是根据《垄断规制及公平交易法》成立的，其他部则是根据《政府机构法》（the Government Organization Act）成立的。

内的9名委员组成。委员长和副委员长由国务总理推荐并由总统来任命，其他委员则由委员长推荐并由总统任命，任期3年。

德国《反对限制竞争法》第2章规定了"联邦卡特尔局"：位于波恩的联邦卡特尔局，虽然隶属于联邦经济与劳动部，但并不影响其作为一个独立的联邦机构。联邦卡特尔的主席和委员必须是终身公务员并且具备担任法官或高级行政职务的能力，完全独立于企业。为避免外界干扰影响执法公正，反垄断局裁决的唯一依据是反垄断法，不接受联邦经济劳动部的指令，也不受任何政治干扰。

法国竞争审议委员会（the Competition Council），作为主要的反垄断执法机构，具有较强的独立性，能够独立对反垄断协议和滥用优势地位的案件进行调查和裁决，但是并购控制案件由经济部长作出裁决。竞争审议委员会的预算独立由国会审核，但编列于经济部预算之下。为了进一步强化反垄断执法机构的独立地位，法国根据2008年8月4日的《经济现代化法》（Loi de modernisation de l'économie）成立了竞争管理局（Autorité de la concurrence），代替原来的竞争审议委员会。竞争管理局作为独立的行政执法机构，以国家的名义处理竞争领域事务，但不隶属于行政系统，① 具有与法院相似的独立地位。其主席及裁决团体由经济部长提名、总统任命，但不受经济部长管辖。根据新法以及2008年11月13日的法规（Ordonnance），法国对并购制度进行了改革，将并购控制权从经济部长转移给了新的竞争管理局，进一步摆脱政府的影响。

比利时竞争审议委员会（the Competition Council），作为比利时最重要的竞争执法机构，是由高级法官（magistrate）和竞争法律和政策专家组成的准司法性质的行政机构，主要负责竞争事务，能够对所有与并购和反竞争行为相关的案件作出决定。② 新的竞争法（2006年10月1日生效）

---

① 这也是法国选择由普通上诉法院而不是由行政法院对竞争主管机构的决定进行司法审查的原因。
② Yves Montangie, "The Application of EU Competition Law by the Belgian Competition Authorities and Judges: Is Belgium Prepared for the 'New Regime'?", *The Competition Law Review*, Vol. 1, Issue 1, 2004, p. 43.

进一步加强了竞争审议委员会的权力。新竞争法继续沿用了原有的双重执法机构，但是将原来的"报告小组"（Corps of Rapporteurs）改组为"公共顾问办公室"（Auditeurs' Office），作为竞争审议委员会的一个部门。这种改革进一步提升了"公共顾问办公室"的形象，为其展开独立调查提供了额外的保障。

（二）反垄断主管机关具有宽泛的权限

美国《联邦贸易委员会法》第6条列举了委员会具有的行政权力，如对个人和公司进行调查并要求提交报告、调查被告人对法院判决和委员会命令的执行情况、对任何公司的违反竞争法的事实进行调查等。加拿大《竞争裁判庭法》第8（2）条规定，竞争裁判庭拥有高级记录法院所拥有的所有权力和特权，如证人出庭、宣誓、质证和资料的搜集和检查以及正当行使其管辖权所必要的权力。

根据日本反垄断法的规定，日本公平交易委员会具备以下权限：规制私人垄断，规制不正当的交易限制，规制不公平交易行为，有关垄断状态的规制，有关国际协助的规制以及属于公平交易委员会管辖的其他事务（第27-2条）。① 为了保证公平交易委员会顺利调查案件，日本反垄断法授权公平交易委员会：命令案件当事人出面接受调查，并向他们征求意见或报告；命令鉴定人出面进行鉴定；命令账簿文件等物品持有人提交该物品，或暂扣该物品；必要时进入企业营业场所，检查业务及财产状况、账簿文件等其他物品（第46条）。韩国公平交易委员会作为准司法机关，其使命是为完善市场结构而负责制定与市场竞争有关的政策，并执行相关的竞争法规。韩国公平交易委员会有权向金融机构搜集证据，要求当事人提供证据，向专家证人搜集证据，并且有权执行现场调查［《垄断规制及公平交易法》（MRFTA）第50条］。委员会具有强制调查权，对不接受调查询问的当事人可以进行行政罚款。

法国1986年出台的《关于竞争和自由定价》对竞争审议委员会作了

---

① Prohibition of Private Monopolization and Maintenance of Fair Trade（Act No. 35 of 2005）English translation.

根本上的变革，赋予该咨议性机关以实体权力，对卡特尔、滥用市场优势地位等集体限制竞争行为拥有调查权和裁决权，并进一步扩大其一般咨询的职责。对于企业结合之监督控制案件（即并购案件），竞争审议委员会向经济部长提供审查意见，由经济部长作出并购决定。[①] 2008年8月4日的《经济现代化法》（Loi de modernisation de l'économie）成立了新的竞争管理局，取代竞争审议委员会，并进一步扩大了新机构的权限：竞争管理局除了具备咨询建议职能之外，为了执行本国反垄断法以及欧共体反垄断法，竞争管理局拥有广泛的调查权和裁决权，包括决定采取中间措施、禁制令、救济和罚款等权力（《商法典》第L462-5，L462-6条），以及在卡特尔案件中接受当事人的承诺、磋商解决办法、对宽容申请人豁免部分或全部罚款等权力。另外竞争管理局还负责审查并购申请。[②]（《商法典》第L430-3条）

德国联邦卡特尔局对并购控制程序具有专属管辖权，对于滥用市场支配地位和卡特尔协议的管辖权仅限于反竞争或歧视行为的效果超过一州的界限。在事实问题的调查上，联邦卡特尔局比法院拥有更广泛的调查权力和更丰富的人力资源。联邦卡特尔局"可以执行任何调查和搜集所需要的任何信息"（《反对限制竞争法》第57条），包括通过向市场参与者做问卷调查和其他形式的市场调查。调查方法具体有：检查获取证据、向证人和专家取证、扣押证据等。

（三）反垄断行政裁决适用严格的程序

美国涉及重大行政决定的案件适用的是类似于法院司法程序的准司法程序（Quasijudicial Procedure）。首先，行政裁决（Administrative Adjudication）程序包括严格的听证程序。美国的行政裁决是指美国行政机关根据行政程序法规定的审判式听证程序（Trial Type Hearings）对特定争议或特定事项作出裁决的活动。美国联邦行政程序法中的"审判式听证"，亦称

[①] 何之迈：《论法国竞争审议委员会》，载《公平交易法专论》，中国政法大学出版社，2004，第385页。
[②] Nicolas Petit, Law Faculty – IEJE (Liege), Elise Provost, Sorbonne University (Paris), University of Liege (ULg), Antitrust encyclopedia: France, January 2009.

"正式裁决"（Formal Adjudication）、"完全听证"（Full hearings），是作出直接和严重影响相对方权益的行政决定时所采取的程序。其次，美国行政裁决是由独立的行政法官（Administrative law judge）作出的。美国在行政机关内部建立独立的听证官，有独立的听证权力和初步的决定权力，地位类似初审法官。依照行政程序法规定必须举行正式听证的，几乎全由听证审查官主持。① 为了强调听证审查官的独立地位，1972年，文官事务委员会将听证审查官改称为行政法官。国会在1978年的一项法律中，承认行政法官的名称，大大提高了行政法官的威信和地位。第三，行政裁决最终是由行政机关作出。与司法法官不同，行政法官对案件只是做出初步决定（preliminary decision）或建议决定（recommended decision），案件的最终裁决权是由行政机关作出的。基于上述三点，行政裁决可以认为是美国行政诉讼的初审程序，行政裁判机构相当于是美国行政诉讼的初审法院，因此对行政裁决不服可以直接上诉到上诉法院。具体到美国联邦贸易委员会处理的反垄断案件，程序如下：联邦贸易委员会竞争局在委员会的授权下进行调查，并提出建议（recommandation），交由委员会进行多数表决，如果相对人提起申诉（complaint），则由行政法官组织审判庭作出初步裁决，并可以上诉到由五人组成的上诉法庭，由委员会作出最终裁决。② 美国联邦贸易委员会依正式听证程序裁决反垄断案件时，调查权与裁决权在委员会内部存在分离，从而使反垄断行政裁决程序具备司法程序的特征，因此美国联邦贸易委员会在性质上属于准司法机构。

　　加拿大竞争法的行政实施实行调查与裁决分离模式。对反竞争行为以及并购的调查由竞争专员和竞争局（the Competition Bureau）负责。竞争专员是加拿大最高级的反托拉斯官员，被授权执行和实施竞争法。竞争专员在竞争局拥有近400名职员协助其执行竞争法。竞争局划分为几个部门，分别负责下列不同事务：并购、民事、刑事以及公平商业行为。对受调查的反竞争行为和并购的裁决最终是由竞争裁判庭作出。加拿大竞争裁

---

① 王名扬：《美国行政法》（上），中国法制出版社，2005，第447页。
② Dr. Wouter P. J. Wils, *Principles of European Antitrust Enforcement*, Hart Publishing 2005, pp. 156, 157.

判庭根据《竞争裁判庭法》第9（1）条的规定，属于记录法院，因此其按照司法程序进行裁决。这种调查与裁决分离的模式大大提升了裁决的独立性和公正性。

受美国联邦贸易委员会的影响，日本的公平交易委员会也采取了仅次于美国联邦贸易委员会（FTC）的准司法程序。公平交易委员会在每一个案件中从公平交易委员会事务局的职员中任命审查官，进行违反案件的调查。审查官的调查通常包括入内检查、证据整理、情况听取、制作报告书等步骤（《禁止私人垄断及确保公平交易法》第94条）。调查结束时，审查官必须做成审查报告书，经由审查局长向公正交易委员会汇报。公平交易委员会在接到审查报告书及相关证据资料后，进行检讨。如果认定存在违反事实，可进行劝告（第48条1、2款）或决定开始进行审判。审判程序，是公平交易委员会在进行行政处分时，听取受处分方答辩，为发现事实而进行的事前听取的一种方式。审判使分担公诉职能的审查官与行使防御权的被审人处于对立地位，由公平交易委员会或被委任担任审判程序的审判官作为判断机关进行审理。公平交易委员会的审判程序是委员会居中进行审查、审判，不采取纠问式的两面关系，而尽可能采取当事人主义的构造，①，公平交易委员会的裁决由多数投票表决决定（第34条第2款）。

德国和法国的竞争主管机构虽然不属于准司法机构，但是也同样采取了严格的行政裁决程序，具有审判程序公开、辩论、合议，突出证据规则以及给予当事人陈述证据的权利等特点。② 德国联邦卡特尔局对并购、卡特尔以及滥用行为的决定是由11个决策部（Decision Divisions）③依照竞争标准独立作出，不接受任何内部或外部指令。决策部的运作方式与法院相似，裁决由主席和相关决策部的成员组成的集体通过多数票决通过。德国《反限制竞争法》第56条规定了听取意见和口头辩论：

---

① 铃木满：《日本反垄断法解说》，武晋伟、王玉辉译，河南大学出版社，2004，第101、103页。
② 参见刘宁元主编《中外反垄断法实施体制研究》，北京大学出版社，2005，第36页。
③ 11个决策部依照行业的不同进行分工，比如，第2裁决部主要负责农牧业、食品、纺织等工业，第9裁决部主要负责交通和邮政服务业。

"卡特尔当局应该给当事人以发表意见的机会""卡特尔当局可以应申请或依职权举行公开的口头辩论"。第 57 条对调查和取证进行了严格的规定:"对通过勘证、证人和鉴定人获取的证据",准用《民事诉讼法》的相关规定;"证人证言应做成笔录,由进行调查工作的卡特尔当局成员签字"等。法国 1986 年《公平交易法》(Ordonnance No. 86 – 1243 du 1er decembre 1986 relative a la liberte dex prix et de la concurrence)第 18 条规定了对审主义,即竞争审议委员会所行之审查及审查程序,完全依对审方式进行。①

(四) 反垄断行政裁决具有专业权威

反垄断行政裁决的专业权威与反垄断主管机构内部组成人员的专业素养分不开。美国联邦贸易委员会的 5 名成员由总统提名,并经过参议院批准。这些委员监督一大批经济学家和法学家,这些专家的主要职责包括对属于委员会管辖的违法行为进行调查和指控。行政法官具有专业性,由专业的行政法官进行初审。上诉法院在审理联邦贸易委员会裁决时,只需要进行法律审即可。

加拿大竞争裁判庭根据《竞争裁判庭法》(the Competition Tribunal Act)成立,其独特之处在于裁判庭的成员包括司法人员和非法律人士(《竞争裁判庭法》第 3 条)。考虑到特殊的人员组成,《竞争裁判庭法》规定,法律问题由司法人员决定,而法律和事实混合的问题则由所有成员决定。竞争裁判庭的司法人员从联邦法院(民事法庭)的法官中任命,8 名非法律人士则从具有经济、商业、财会和市场等相关专业知识的人员中挑选。在 1992 年对裁判庭决定作出确认判决时,加拿大最高法院强调,从《竞争法》和《竞争裁判庭法》中可以确定,议会所产生的这个裁判庭是作为单独处理《竞争法》第 8 部分的专业机构;提交到裁判庭的事务需要对法律、经济和商业原则进行复杂平衡,裁判庭成员的专业与经验是履行裁判庭职责的必不可少的要素。②

---

① 何之迈:《公平交易法专论》,中国政法大学出版社,2004,第 438 页。
② William P. Mckeown, Marshall E. Rothstein, "Judicial Review of Competition Cases", *OECD Journal of Competition Law and Policy*, pp. 35 – 37.

日本公平交易委员会的委员长和委员，根据《反垄断法》第29（2）条规定，应当"从年满35周岁、具有法律或经济学知识和经验的人当中任命"。为处理公平交易委员会的事务，公平交易委员会根据《反垄断法》第35条的规定，下设事务总局（the general secretariat），并设置负责听审程序的审查官（hearing examiners）。审查官由被认为具有对进行审判程序所必要的法律及经济知识经验且具有公正判断能力的人担任（第35（9）条）。韩国公平交易委员会委员的任职资格是法定的：曾担任公务员有垄断和公平交易事务方面的经验、有15年的法官、律师或检察官任职经验，或者在法律、经济或商业管理方面有15年的学术经验，或者有15年的商业或消费者保护经验［第37（2）条］。

德国联邦卡特尔局的决议不是单人负责制，而是以一名主席和两名委员的名义作出。德国《反对限制竞争法》第56（2）条规定，"卡特尔当局可以在适当的情况下，给与程序有关的经济各界的代表发表意见的机会。"另外，德国设立垄断委员会（the Monopolies Commission）作为独立的专家机构，由2名大学教授和3名来自商业界的代表组成，虽然不能作为独立的竞争执法机关作出裁决，但是其提出的专家建议在裁决中举足轻重。

法国审议委员会作为准司法行政的行政机构（a quasi-judicial administrative body），由高级法官和竞争法律政策专家组成。在法国竞争审议委员会的16名委员中，7名是来自法院的法官，由现任或卸任的中央行政法院、审计法院、最高司法法院或其他行政或普通法院的成员担任；4名委员由经济学家，或具备竞争及消费者保护知识与经验的人士担任；还有5名委员由从事或曾经从事生产、销售行业或手工业、服务业以及自由职业的人士担任。主席及2名副主席中间至少两名必须由现任或卸任之中央行政法院或审计法院成员，或现任或卸任普通法院之高级司法官担任。比利时竞争审议委员会由大会（a general assembly）、公共顾问办公室（前"报告组"body of reporters）和登记处（registry）组成。大会由6名全职成员和6名非全职成员组成。所有的并购申请、有关限制性行为的申诉以及中间措施的申请均由公共顾问办公室调查。竞争服务处（the Competition Service）由经济事务部（the Ministry for Economic Affairs）的公务员担任，负责协助审计人员履行职责。

综上所述，在美国反托拉斯法实施体制的影响下，加拿大、日本、韩国、德国、法国等国家的反垄断行政执法机构也具备上述与美国联邦贸易委员会相似的特征，即具有高度的独立地位、拥有广泛的执法权限、裁决程序严格以及组成人员专业权威。由于这些国家的反垄断执法实行独立管制委员会体制，其强烈的独立性和合议制决策机制使得反垄断执法机构获得了"行政法庭"的地位，其正式裁决享有一审法院的效力，因而，和美国一样，这些国家在进行反垄断司法审查制度设计时，不约而同地选择由普通法院系统的高等法院或上诉法院直接对由独立反垄断机关经过准司法程序作出的反垄断决定进行司法审查管辖。上诉审的优点在于节省司法程序，提高审查质量。反垄断行政决定大多经过正式的听证程序，这种正式听证程序事实上已经代替地区法院的审理工作，没有必要再由地区法院审理，浪费时间。另外地区法院审理的优点是便利当事人起诉，节省当事人的费用，这对于通常是工商企业的反垄断当事人来说意义不大。而上诉法院法官水平较高，并且实行合议制，这对于反垄断当事人寻求有效的司法救济意义更大。[①] 另外反垄断案件一般由反垄断主管机关所在地的高等法院或上诉法院专属管辖，长期集中审理案件有助于培养一批专门处理竞争案件的专业型法官，以提升案件审判的专业水平。

第二节 专门法院模式

一 专门法院模式的含义和特征

（一）专门法院模式的含义

专门法院模式，或称专门审模式，是指成立专门法院对反垄断行政裁决进行司法审查的模式。专门法院（specialized court）是指在一个或几个

[①] 参考王名扬对美国上诉法院作为最主要的联邦政府司法审查法院的原因的探讨，见王名扬《美国行政法》（下），中国法制出版社，2005，第586、587页。

法律领域里拥有有限或专属管辖权的法院。这里的专门法院是相对于普通司法法院和行政法院而言的，通常是依据特别法律成立的，具有特别的事务管辖权，仅对某些特定的案件进行审查的法院。虽然有些国家（如德国和日本）会在反垄断司法审查管辖法院内设立专门的法庭，[①] 实行一定程度的专门审，但不属于专门法院管辖模式。还有的国家一开始实行专门审模式，但是后来修订法律改变了这种模式，如葡萄牙。[②] 目前采取专门法院管辖反垄断司法审查案件的国家，以英国为代表，还包括曾经是英国殖民地的澳大利亚、南非和印度[③]，另外还有北欧的荷兰、瑞典、芬兰、丹麦以及东欧的波兰和亚洲的新加坡等国家，具体见专门审模式一览表（表2-1）。这些实行专门审模式的国家的审查机关，无论是使用"court"，还是"tribunal"，均指专门法院。"tribunal"本身是一个较为宽泛的概念，指任何有权审判、裁决或决定请求或纠纷的机构，包括法

[①] 德国依据《反对限制竞争法》第92条和第94条的规定，分别在州高等法院和联邦法院设置卡特尔法庭，对反垄断案件进行专项审查；日本根据反垄断法第87条规定，在东京高等法院中设立5人组成的法官合议庭专门负责反垄断司法审查案件以及依据反垄断法提起的赔偿诉讼案件。

[②] 葡萄牙在2008年之前实行的是专门审模式：依照2003年的《竞争法》（Law 18/2003），里斯本商业法院（the Lisbon Commerce Court）是竞争管理局（the Portuguese Competition Authority）的专门上诉法院（第50、54条），并可上诉到里斯本上诉法院（the Lisbon Court of Appeal）；对于并购案件，里斯本上诉法院的裁决还可以上诉到最高法院（the Supreme Court of Justice）（第55条），参见Teresa Moreira, Portuguese Directorate – General for Economic Activities (Lisbon), Antitrust encyclopedia: Portugal, November 2007。2008年法令（the Decree – Law No. 52/2008）对法院管辖作了修改，改变了专门法院管辖的模式：2008年《竞争法》第51（1）条规定，对葡萄牙竞争管理局的裁决不服可以20日内上诉到地域上有管辖权的法院的商业法庭（the commerce section of the territorially competent court），而不再由里斯本商业法院专属管辖。

[③] 印度规制反托拉斯、并购以及竞争事务的法律包括《1969年垄断和限制贸易行为法》(the Monopolies and Restrictive Trade Practices Act 1969 或 MRTP Act)、《1956年公司法》(the Companies Act 1956) 以及《1997年证券交易委员会（股份实质收购与并购）条例》(the Securities & Exchange Board of India (Substantial Acquisition of Shares & Takeovers) Regulations 1997)。2009年全面实施的《2002年竞争法》，代替上述法律，成为印度主要的竞争立法。Suchitra Chitale, "Section 3: Country Chapters, India: Overview", from *The Asia – Pacific Antitrust Review* 2009", Law Business Research Ltd1998 – 2009, http: //www.globalcompetitionreview.com. 最后访问时间：2009年12月10日。

院和行政听审机关。英国、澳大利亚、印度、丹麦的竞争上诉机构之所以被命名为"tribunal",是为了强调它们不是具有普通管辖权的法院,而是专门法院。

表2-1 反垄断司法审查专门法院管辖模式一览表

国家	竞争主管机关	司法审查法院	法律依据	二审法院
英国	公平交易局 OFT 竞争委员会 CC	竞争上诉法庭 CAT	《1998年竞争法》第46、47条;《2002年企业法》第17、120、179条	伦敦上诉法院(注1)
澳大利亚	竞争和消费委员会 ACCC(注2)	竞争法庭 ACT(注3)	《贸易行为法》101、111条	联邦法院
南非	竞争委员会 CC 竞争裁判庭 CT(注4)	竞争上诉法院 CAC	1998年《竞争法》(No. 89 of 1998)第61(1)条	最高上诉法院或宪法法院
印度	竞争委员会 CCI	竞争上诉法庭 CAT	《2002年竞争法》(2007年修订)第53B条	最高法院
新加坡	竞争委员会	竞争上诉委员会 CAB	2004年《竞争法》(2005年修订)第71(1)、72条	高等法院和上诉法院
荷兰(注5)	竞争管理局(Nma)	鹿特丹地区法院	《普通行政法》第8(1)条 《竞争法》第93条	工贸上诉法院
瑞典	竞争管理局(注6)	市场法院(注7)		无
芬兰(注8)	竞争管理局(注9)	市场法院(注10)		最高行政法院
丹麦	竞争审议委员会 DCC(决策) 竞争管理局 DCA(行政)	竞争上诉法庭 CAT	《竞争法》第19(1)条	哥本哈根海商法院(注11)

续表

国家	竞争主管机关	司法审查法院	法律依据	二审法院
波兰	竞争和消费者局主席（President of Office）	竞争和消费者保护法院	《竞争和消费者法》第 81 条	上诉法院和最高法院

注1：在英格兰和威尔士，受理此类案件的法院为上诉法院（the Court of Appeal），在北爱尔兰为北爱尔兰上诉法院（the Court of Appeal in Northern Ireland），在苏格兰则为苏格兰最高民事法庭（the Court of Session）。

注2：澳大利亚竞争和消费者委员会（ACCC）必须申请联邦法院（Federal Court）决定对违反竞争法的企业进行制裁，无权自行决定。

注3：成立于1966年的贸易行为裁判所（the Trade Practices Tribunal），于1995年更名为澳大利亚竞争法庭（Australian Competition Tribunal）。竞争法庭作为上诉机构，负责审查对澳大利亚竞争和消费者委员会作出的对被《商业行为法》禁止的具有反竞争后果的行为和协议进行授权或取消授权的决定，以及委员会对企业并购作出的豁免或拒绝豁免决定。

注4：竞争委员会和竞争裁判庭是根据南非《1998年竞争法》成立的竞争主管机构。南非实行分离式的竞争法实施机制，竞争案件的调查和裁决分别由竞争委员会和竞争裁判庭负责。

注5：荷兰竞争管理局（Nma）的决定可以上诉到鹿特丹地区法院（District Court of Rotterdam），具体由行政法部门管辖，并可最终上诉到位于海牙的工贸上诉法院（Trade and Industry Appeals Tribunal）。虽然鹿特丹地区法院是普通的中级法院，但是工贸上诉法院，又称工商业行政高等法院（Administrative High Court for Trade and Industry），是荷兰三大专门法院之一（另外两个分别是 Central Appeals Tribunal 和 Administrative Jurisdiction Division of the Council of State），属于社会、经济行政法（social - economic administrative law）领域的特别行政法院（a specialized administrative court），有权受理竞争法和电信法等特别法案件的上诉，因此，荷兰的竞争法的司法审查属于专门审模式。

注6：瑞典竞争管理局仅限于作出禁制令决定，罚款决定和并购决定一般是由斯德哥尔摩城市法院（the Stockholm City Court, SCC）根据竞争管理局的申请作出，并可上诉到市场法院。

注7：瑞典市场法院是负责竞争与消费者保护事项的专门法院，市场法院的判决具有终局效力。2009年5月28日，瑞典市场法院作出有利于竞争管理局的判决，认定 the asphalt cartel 从事反竞争行为，并对之作出瑞典有史以来最重的一次罚款。

注8：尽管芬兰存在两级行政法院，但是竞争行政案件还是由市场法院管辖，并可上诉到最高行政法院。

注9：罚款和并购决定由芬兰竞争管理局建议市场法院作出。

注10：芬兰竞争管理局决定所针对的人或者其权利义务或利益受到决定直接影响的人均可在接到决定之日起30日内向市场法院提起上诉。

注11：丹麦竞争上诉法庭的裁决可以上诉到哥本哈根海商法院（the Copenhagen Maritime and Commercial Court），并可以再上诉到最高法院（the Supreme Court）。目前为止，上诉到最高法院的案例极少。

(二) 专门审模式的特点

1. 审查人员由法律专家和经济专家组成

与普通法院上诉审模式相比，实行专门法院管辖反垄断司法审查案件最大的优点就是专门法院既具有法律权威，更具备处理复杂竞争事项的专业能力。为了保证处理竞争案件的司法权威和专业权威，专门法院的人员任命极为慎重和严格。专门法院的人员一部分是来自高等法院乃至最高法院的法官，另一部分是吸纳具备竞争事务相关领域专业知识，并具备长期从事商业工作经验的非法律人士。

英国竞争上诉法庭作为专家法院（specialist court），由经济学家、财会人士、商业人士以及法律人士组成。[1] 竞争上诉法庭的组成由《2002年企业法》第2节（Schedule 2 to the 2002 Act）规定。法庭由庭长、主席团和普通法官组成。庭长是由大法官（Lord Chancellor）任命的高级法律专业人士，具备渊博的竞争法知识和丰富的竞争实践经验。主席团由大法官（Lord Chancellor）任命，任期8年。主席团成员必须是合格的法律人才（主要来自高等法院大法官法庭的法官），并且拥有丰富的竞争法或其他相关法律知识和相关实践经验。普通成员由贸工部长从具备各种背景的人员中任命，任期8年。普通成员要么是经济学家、律师或会计，要么具备商业、公共服务的从业背景或其他相关经验，目前普通成员有19名。所有案件（单纯的中间措施案件由庭长或一名主席团成员独任审理）由3人组成合议庭审理。合议庭由庭长或主席团成员主持，另外两名是普通人员。这样的合议庭组成延续了限制竞争法庭和竞争委员会上诉法庭的传统，从而保证能够多角度考虑竞争事项。[2]

澳大利亚竞争法庭（Australian Competition Tribunal）由总督（the Governor-General）任命的主席、数名副主席和其他成员组成，主席必须

---

[1] Christopher Bellamy, "The Competition Regime in the UK", *Competition Law Today*, edited by Vinod Dhall, Oxford University Press 2007, p. 387.

[2] http://www.catribunal.org.uk/242/About-the-Tribunal.html，最后访问时间：2009年10月10日。

是澳大利亚联邦法院的法官,其他成员必须具备工业、商业、经济、法律和公共管理等领域的知识和经验。主席或副主席和两名其他普通成员组成合议庭听审案件。① 两名普通成员不必是法律专业人士:一个是经济专家,另一个是退休的商业人士。主持法官决定所有的法律问题以及哪些属于法律问题。②

南非竞争上诉法院(the Competition Appeal Court)是具有高等法院的地位的记录法院,其成员必须是高等法院的法官。竞争上诉法院至少由3名法官组成,法官由总统根据司法服务委员会(the Judicial Services Commission)的建议任命。南非竞争上诉法院既是宪法所要求的独立上诉法院,又是能够处理复杂竞争事项的专家法院。

印度的竞争上诉法院(the Competition Appellate Tribunal)是根据《2002年竞争法》(2007年修订)第53A条于2009年10月19日成立的准司法机构。竞争上诉法庭由包括主席在内的3名成员组成,由中央政府任命。主席由资深法官担任,要么是最高法院法官,要么是高等法院首席法官。《2002年竞争法》(2007年修订)第53D条规定了上诉法院法官的任职资格:能力强、正直、具有专业知识,并具备不少于25年的竞争事务方面(包括竞争法律与政策、国际贸易、经济、商业、法律、金融、会计、管理、工业、公共事务、行政或任何其他中央政府认为有用的事务)的职业经验。2009年5月15日,中央政府任命最高法院前法官Arijit Pasayat③为竞争上诉法院主席。

新加坡竞争上诉委员会的成员不超过30名,由贸工部长根据能力和在工商业或管理方面的经验以及职业资格或适应能力任命。[2004年《竞争法》第72(1)]竞争上诉委员会的成员包括律师、经济学家、会计师以及来自银行业和商界的代表。部长任命具有最高法院法官任职资格的人

---

① http://www.competitiontribunal.gov.au/about.html,最后访问时间:2009年10月15日。
② 澳大利亚竞争法庭主席、联邦法院法官John S. Lockhart在经合组织1996年10月举行的竞争法的司法实施研讨会上的报告,Judicial Enforcement of Competition Law, OCDE/GD(97)200, p.43.
③ Pasayat在2001年升任为最高法院法官之前曾任Kerala和Delhi高等法院的首席法官。

员担任委员会主席（Chairman of the Board）。[第72（5）条] 竞争上诉委员会行使权力、履行职责时必须由包括主席在内的3人组成小组履行。[第72（8）条]

2007年修订的丹麦《竞争法》将竞争上诉法庭的成员从3人增加至5人，包括一名主席（由最高法院法官担任）和两名法律专家、两名经济专家。①

瑞典市场法院（Market Court）由主席和副主席加上5名特别成员组成。主席和副主席以及一名特别成员（必须是具有法官经验的法律人士），其他特别成员是经济专家。还有一些人是法院正式成员的助理。成员及其助理由政府任命。通常7名成员共同参加庭审。主席是市场法院的全职雇员，而其他7名成员则是兼职。②

芬兰市场法院2002年3月1日根据当日生效的《市场法院法》（the Market Court Act）开始运行。根据芬兰《市场法院法》第3、4、5条的规定，市场法院法官的任职资格和任命由《法官任命法》（the Act on Judicial Appointments 205/2000）规定。市场法院的法官必须是竞争法或商法专家。专家成员具备相应的硕士学位，熟悉竞争法、政府采购、经济、商业、金融事务、消费者保护以及市场营销等。竞争案件由法律成员和1~3名专家成员审理。当案件适用法律具有重大意义，或者裁决与以往的判例法不同，首席法官会将案件提交给较大规模的合议庭（4名法律成员和至少4名专家成员）审理。③

另外，由于专门审法院的业务主要集中在竞争案件，因此经过长期司法实践的历练，专门审法院的法官逐渐成长为具备一定专业知识背景并拥有丰富司法实践经验的竞争法专家。

2. 专门法院对竞争案件拥有全面管辖权

由于专门审法院的法官大多是竞争事务专家，相比普通法院的法官更具备处理复杂竞争事项的专业能力，因此专门审法院对反垄断案件拥有全

---

① Camilla Jain Holtse, Bech Bruun (Aarhus), Christian Nielsen, Bech Bruun (Aarhus), Antitrust Encyclopedia: Denmark, November 2007.
② http://www.marknadsdomstolen.se/inEnglish.htm，最后访问时间2010年1月4日。
③ http://www.oikeus.fi/markkinaoikeus/20309.htm，最后访问时间2010年3月4日。

面的审查权,既审查事实问题又审查法律问题。

《1998年竞争法》和《2002年企业法》赋予英国竞争上诉法庭广泛的权力。根据修订过的《1998年竞争法》第46、47条,对于公平交易局(OFT)作出的决定不服可以上诉到竞争上诉法庭。竞争上诉法庭依据《1998年竞争法》第8节第3段规定,可以确认、撤销、变更或驳回公平交易局的决定,甚至可以代替公平贸易局作出决定。① 根据《2002年企业法》第120条(并购)和第179条(市场调查),对公平交易局(OFT)、贸工部长(the Secretary of State)或竞争委员会(CC)在并购和市场调查中的决定不服可以上诉到竞争上诉法庭。竞争上诉法庭在处理上诉申请所遵照的程序和法院进行司法审查时所遵照的程序一样[《2002年企业法》第120(4)、179(4)条]。上诉法庭不能代替竞争主管机关自行对案件的事实问题作出决定,而是要审查竞争主管机关考虑案件是否充分、是否遵守程序、是否符合相关法律规定、行为是否公正无偏私以及是否依照证据作出一个合理的决定,必要时,竞争上诉法庭可以要求相关机关重新作出决定。②

南非竞争上诉法院(CAC)是对竞争裁判所适用竞争法作出决定进行全面审查,可以确认、撤销、修订或发回重审。如果竞争上诉法院撤销了竞争裁判庭的并购决定,竞争上诉法院必须作出以下决定:(1)批准并购;(2)附条件批准并购;(3)禁止并购实施[《竞争法》第17(3)条]。

波兰竞争和消费者保护法院(The Court of Competition and Consumer Protection)对事实问题和法律问题均进行审查,并且会对竞争管理局采取的措施的性质进行经济分析和深度审查。③ 对于竞争执法机构的裁决,竞争和消费者保护法院会作出支持判决或全部(或部分)撤销判决。司法

---

① 竞争上诉法庭代替公平交易局作出决定的案例,如 JJ Burgess and Sons v. the OFT,竞争上诉法庭第 1044/2/1/04 号第 391 段。Alasdair Balfour, Olswang(London),Claire Mc Comb, Olswang(London), Antitrust encyclopedia: U. K, November 2007.
② "Competition Commission 4: General Advice and Information", March 2006, p. 38.
③ Marcin Bartnicki, Clifford Chance (Warsaw), Iwona Terlecka, Merger Remedies: Poland, July 2008.

审查的目的是对裁决进行实体上和程序上的纠正。① 当裁决被撤销，法院会全部或部分变更裁决，并对其实体部分作出判决。②

丹麦竞争上诉法庭对竞争决定的审查具有不受限制的管辖权。和其广泛的职权相适应，实践中竞争上诉法庭以进行彻底审查调查而闻名。然而竞争上诉法院不像竞争审议委员会那样由秘书处支持开展大量的工作，因此必要的情况下，竞争上诉法院通常会将案件指定由丹麦竞争审议委员会重新作出决定。③

芬兰的司法审查也不仅限于对程序问题的审查。市场法院进行深度审查，必要的时候对救济措施的性质和适当性等作出全面的判断。市场法院审理竞争案件时适用《限制竞争法》（the Act on Competition Restrictions）和《行政司法程序法》（the Administrative Judicial Procedure Act）规定的程序，并以书面审为主。然而为了认定事实市场法院也会举行口头审理，尤其是当事实认定需要证人证言或者专家听证时。市场法院对竞争裁决的审理相当于行政上诉，按照行政上诉的一般规则，法庭会自行审查其程序是否合法。市场法院和最高行政法院均可以进行深度审查，不受程序限制。④

尽管荷兰竞争管理局（Nma）对并购控制案件有一定程度的选择自由，然而鹿特丹地区法院（the District Court of Rotterdam）和工贸上诉法院（the Trade and Industry Appeals Tribunal）并非只限于审查竞争管理局并购决定的合理性，而是进行深入审查（invasive review）。在1528/Wegener –

---

① Marta Skrobisz, Polish Office of Competition and Consumer Protection (Varsaw), Mateusz Blachucki, Polish Office of Competition and Consumer Protection (Varsaw), Antitrust encyclopedia: Poland, November 2007.

② 例如，2006年8月21日对Telekomunikacja Polska S. A. vs. the President of the Office of Competition and Consumer Protection 案件（File No. XVⅡ Ama 31/05）作出的判决，在该案中，Telekomunikacja Polska 对竞争和消费者保护局2004年12月31日作出的DOK – 140/2004 裁决提起上诉，法院作出撤销判决，并奖励 Telekomunikacja Polska S. A. 一定数量的金钱（1360 zl）。Marta Skrobisz, Polish Office of Competition and Consumer Protection (Varsaw), Mateusz Blachucki, Polish Office of Competition and Consumer Protection (Varsaw), Antitrust encyclopedia: Poland, November 2007.

③ Camilla Jain Holtse, Bech Bruun (Aarhus), Christian Nielsen, Bech Bruun (Aarhus), Merger Remedies: Denmark, February 2009.

④ Kari Niemenoja, PwC (Helsinki), Merger Remedies: Finland, October 2008.

VNU案件中，鹿特丹地区法院和工贸上诉法院从另外一个角度审查竞争管理局的决定，因此得出与原决定相反的结论。①

3. 专门审法院的管辖事项具有相对单一性

实行专门审模式的国家，其专门法院的管辖事项并非仅限于竞争案件，有的还会管辖其他诸如商业、知识产权等特殊事项，因此具有相对单一性。一般来说，仅管辖竞争案件的法院通常会在法院前面加上"竞争"一词，如英国的竞争上诉法庭、新加坡竞争上诉委员会、南非竞争上诉法院、丹麦的竞争上诉法庭和澳大利亚的竞争法庭。英国的竞争上诉法庭和印度的竞争上诉法院不但审理竞争行政案件，还同时管辖竞争民事案件。根据英国《1998年竞争法》第47A条（加上《2002年企业法》第18条），任何人，因违反英国或欧共体竞争法的行为而遭受损失和损害，都可以向竞争上诉法庭就其损失或损害提起赔偿诉讼或索要一定数额的金钱。《1998年竞争法》第47B条规定，依据第47A条的赔偿诉讼也可以由代表消费者的某些特别团体提出。②印度《2002年竞争法》（2007年修订）第53N（1）条规定，竞争上诉法院受理并裁决当事人依据印度竞争委员会的决定提出的赔偿申请。

瑞典市场法院作为专门法院，主要处理《竞争法》相关案件以及涉及《市场法》和其他消费者和市场立法的案件。芬兰市场法院是市场案件、竞争案件和公共采购案件的专门法院，对下列法律所规定的案件具有管辖权：《限制竞争法》（480/1992；laki kilpailunrajoituksista）、《公共采购法》（1505/1992；laki julkisista hankinnoista）、《市场法院特定程序法》（1528/2001；laki eräiden markkinaoikeudellisten asioiden käsittelystä）等。③芬兰的市场法院审议行政案件时，必须组成合议庭（a plenary session），由首席法官或首席法官副职主持并且至少3名法官参加（《市场法院法》第12（1）条）。

---

① Karen Jelgerhuis Swildens, Clifford Chance (Amsterdam), Manish Bahl, Clifford Chance (Amsterdam), Geert van der Klis, Clifford Chance (Amsterdam), Merger Remedies: Netherlands.
② http://www.catribunal.org.uk/242/About-the-Tribunal.html，最后访问时间：2009年10月10日。
③ 《市场法院法》（Market Court Act；1527/2001）第1（1）条。

4. 接受普通上诉法院的上诉审查

专门法院的法官很多是某一专业领域的专家，而非法律专家，因此在某种程度上接近于行政司法（administrative justice）。为了保证裁决的公正性，实行专门法院的国家通常会选择普通法院作为专门法院的上诉机关对专门法院的判决进行法律方面的上诉审查。反垄断司法审查案件也不例外，采取反垄断司法审查专门审模式的国家一般规定，对反垄断专门法院的判决可以上诉到高等法院或上诉法院。英国根据《1998 年竞争法》第 49 条，如果相关企业、第三人对竞争上诉法庭的决定不服，或对竞争上诉法庭驳回其上诉的决定不服，可以继续上诉到上诉法院①，甚至最高法院②。但上诉只能就案件中法律适用的问题，以及罚款数额的问题提起。③ 新加坡竞争上诉法庭作出的上诉决定与竞争委员会裁决具有同样的效力，竞争上诉委员会具有像地区法院（District Court）审查案件一样的权力。对于竞争上诉法庭根据第 73 条作出的裁决可以上诉到高等法院（the High Court）［第 74(1)］。高等法院对于竞争上诉法庭判决的法律问题，或者竞争上诉法庭作出的有关罚款数额的判决进行上诉审查。高等法院可以支持、修改或推翻竞争上诉法庭的判决，高等法院的判决可以最终上诉到上诉法院。波兰竞争和消费者者保护法院对事实问题和法律问题均进行审查，其判决可以上诉到上诉法院（the Appeal Court），甚至最高法院

---

① 在英格兰和威尔士，受理此类案件的法院为上诉法院（the Court of Appeal），在北爱尔兰为北爱尔兰上诉法院（the Court of Appeal in Northern Ireland），在苏格兰则为苏格兰最高民事法庭（the Court of Session）。上诉必须取得竞争上诉法庭或相关上诉法院的许可。http：//www.catribunal.org.uk/242/About - the - Tribunal.html，最后访问时间：2009 年 10 月 10 日。

② 2009 年 10 月 1 日之前是上议院（House of Lords），如 Peter Turner - Kerr，Elaine Whiteford，Jon Lawrence，Reliance on European Commission decisions put in doubt by the UK House of Lords (Crehan)，19 July 2006，e - Competitions，www.concurrences.com。2009 年 10 月 1 日之后是根据《2005 宪法改革法案》第 3 部分（Part 3 of the Constitutional Reform Act 2005）成立的英国最高法院（the Supreme Court of the United Kingdom）。

③ Alasdair Balfour，Olswang（London），Claire McComb，Olswang（London），Antitrust Encyclopedia：U. K，November 2007.

(the Supreme Court)。① 印度竞争上诉法院的裁决可以上诉到最高法院（《2002年竞争法》第53T条）。上诉法院的法官作为法律专家，通常只对法律问题进行审查，对专门法院有关事实问题的专业判断往往给予更多的尊重。

专门法院的裁决除了可以上诉到普通法院之外，在存在专门上诉法院的国家还可以上诉到专门上诉法院。例如，荷兰对鹿特丹地区法院的反垄断司法审查判决可进一步上诉到贸工上诉法庭（the Trade and Industry Appeals Tribunal）；丹麦竞争上诉法庭的裁决可以上诉到哥本哈根海事和商事法院（the Copenhagen Maritime and Commercial Court），并可上诉到最高法院（当然很少发生）。② 另外，也有的国家将行政法院作为专门法院的上诉法院，例如芬兰市场法院有关竞争案件的判决可以上诉到最高行政法院。③

当然并非所有的反垄断专门法院都有上诉机关，以南非为例，南非竞争上诉法院相当于高等法院，对竞争案件有终审权，其对竞争法的解释和适用具有终局效力。南非竞争上诉法院对委员会和裁判所的管辖权以及宪法事项的决定可以分别上诉到最高上诉法院（the Supreme Court of Appeal）或宪法法院（the Constitutional Court）（第62条），但是该上诉权并非当然的权利，必须取得竞争上诉法院或上级法院的同意，同意的条件可能会是涉及安全的命令（第63条）。④ 瑞典的市场法院在处理《竞争法》相关案件以及涉及《市场法》和其他消费者与市场立法的案件中是最高上诉法院，其判决具有终局效力。

---

① Marta Skrobisz, Polish Office of Competition and Consumer Protection (Varsaw), Mateusz Blachucki, Polish Office of Competition and Consumer Protection (Varsaw), Antitrust encyclopedia: Poland, November 2007.
② Camilla Jain Holtse, Bech Bruun (Aarhus), Christian Nielsen, Bech Bruun (Aarhus), Antitrust encyclopedia: Denmark, November 2007.
③ 并非芬兰市场法院所有的判决都可以上诉到最高行政法院，仅竞争案件和公共采购案件的判决可以上诉到最高行政法院，对市场法院有关市场法案件的判决只能上诉到最高法院。http://www.oikeus.fi/markkinaoikeus/20309.htm，最后访问时间：2010年1月4日。
④ "Competition Law and Policy in South Africa: An OECD Peer Review", reported by Ms. Sally Van Siclen for the OECD.

二 专门审模式的成因分析

对于一个法治国家来说，管辖法院的模式选择绝非偶然或随心所欲，而是决策者或立法者经过反复论证之后的慎重选择，毕竟管辖法院关系到公民诉权的保护，更攸关到一个国家的司法体制。选择专门法院对反垄断行政案件进行司法审查的国家，有的是顺应该国法院体制的传统，比如瑞典等，这些国家有专门法院管辖特定案件的传统；还有的与该国特定的制度有直接联系，比如在英国行政法中，行政裁判所制度是一大特色，英国的竞争上诉法庭即是从行政裁判所演变而来。

（一）行政裁判所制度的影响

实行专门法院管辖模式的国家很多都和英国有一定的渊源，要么曾经是英国的殖民地，或者法制受到英国法的影响。这些国家有一个共同的特点就是拥有发达的行政裁判所制度。

行政裁判所是在常规的政府决策机关和传统法院之间存在的一个混合机构，有时称为"裁判所"或"行政裁判所"，不必是由法官主持，但实行准司法程序，因此被称为"准司法"机构。① 英国公民在认为行政机关行使行政权力侵犯合法权益时，除了可以向法院提起民事诉讼寻求司法救济之外，还可以选择行政救济途径，比如向部长申诉（主要针对地方政府的行政行为），或者根据议会至上的宪法原则，通过本选区议员提案。然而，最为有效的行政救济途径是要求行政裁判所审判。行政裁判所是议会根据社会需要制定专门法律授权成立的特别裁判所，负责受理特定行政争议。早期的行政裁判所属于行政机关，但是履行行政裁决职能，具有准司法性。在英国，行政裁判所制度一直备受争议，许多学者认为行政裁判所因为缺少严谨的司法程序，违背司法原则，应该取消。然而，在现代行政日益专门化和社会立法日益增多的时代背景下，由专业人士组成的行政

---

① http://www.duhaime.org/LegalDictionary/J/JudicialReview.aspx，最后访问时间：2009年8月11日。

裁判所与普通司法救济途径①相比具有较强的专业性和灵活性以及程序简便等优势,因此英国并不准备取消行政裁判所制度,而是对行政裁判所制度进行改革,以弥补裁决的司法性质。② 1958 年制定、1966 年和 1971 年修改的《行政裁判所和调查法》对行政裁判庭的性质、组成、职权以及审理案件的程序,作了明确、详细的规定。英国的行政裁判所是按议会旨意设立的审判机关,不是行政机构。同时,根据行政争议的特点,行政裁判所是一种准司法机关,不能等同于法院,而是整个司法体系的补充。③ 目前,英国的裁判所制度仍处于急剧快速变革中,《2007 年裁判所、法院和执行法》(Tribunals, Courts and Enforcement Act 2007) 对裁判所的性质、结构、程序等进行了重大调整,裁判所被明确定位成英国司法制度的一部分。

英国的竞争上诉法庭的前身是隶属于竞争委员会的上诉法庭,而竞争委员会以及之前的垄断与兼并委员会(Monopolies and Mergers Commission)均属于"政策导向"型裁判所("policy - oriented tribunals")。④ 然而,根据《2002 年企业法》第 2 部分(Part 2 of EA02),竞争上诉法庭从竞争委员会中独立出来,成为"一个由跨法律、经济、商业和财会等领域专家组成的独立的司法机构"。⑤ 英国 2005 年 10 月《竞争上诉法庭程序指南》第 1.1 条明确规定:"竞争上诉法庭是完全独立的司法机构。"《2007 年行政司法与裁判所委员会(裁判所清单)指令》[The Administrative Justice and Tribunals Council (Listed Tribunals) Order 2007] 将竞争上诉法庭(Competition Appeal Tribunal)和公平交易局(Office of Fair

---

① 尽管民事诉讼的司法救济途径由来已久,而且迄未终了,但其对于公务行为所提供的救济,只能是一种非专业化的基础性救济,在现代行政日益专门化的今天,以司法审查为核心的专门针对行政行为的司法救济显然是英国行政法领域中司法救济的核心。
② 王名扬:《英国行政法》,中国政法大学出版社,1987,第 137 页。
③ 方立新:《西方五国司法通论》,人民法院出版社,2000,第 52、53 页。
④ Abel - Smith 和 Stevens (1966 年和 1968 年) 把裁判所分为"法院替代者"型裁判所(Court - substitute tribunals) 与"政策导向"型裁判所(policy - oriented tribunals)。
⑤ "Competition Law Association: An EU Competition Court call for evidence", www.competitionlawassociation.org.uk. 最后访问时间:2010 年 3 月 10 日。

Trading）均列举在裁判所清单中，由行政司法与裁判所委员会直接监督。但是竞争上诉法庭作为公平交易局的上诉机构，属于高级记录法院。竞争上诉法庭和民事刑事法院一样属于司法机构，负责听审对英国竞争主管机关以及行业监管机构根据《1998年竞争法》《2002年企业法》和《2003年通讯法》作出的决定提起的上诉申请。[1]另外，竞争上诉法庭还可以审理那些因违反竞争法而产生的损害赔偿诉讼请求。[2] 竞争上诉法庭的判决与高等法院的判决具有同样的法律效力，在高等法院登记后可以直接在英格兰和威尔士执行。[3] 根据英国普通法上的传统和制定法的规定，对第一审行政案件享有管辖权的法院，一般只是高等法院中的王座分院，而郡法院对行政案件没有管辖权。如果当事人对王座分院的判决不服，可以向上诉法院民事庭提起上诉，对上诉法院民事庭的判决不服，根据有关法律规定，还可以上诉于上议院。因此，英国竞争上诉法庭在地位上相当于高等法院的王座法庭，对竞争上诉法庭的决定不服还可以上诉到上诉法院民事庭。

受英国行政裁判所制度的影响，澳大利亚、新加坡、南非等大多借鉴了该项制度。可以说行政裁判所制度是这些国家选择由专门法院对反垄断案件进行司法审查的重要原因。新加坡竞争上诉委员会具有行政裁判所的特点，兼具司法与行政双重色彩。首先，新加坡竞争上诉委员会的裁决具有司法性：竞争上诉委员会具备所有地区法院所具备的权力和特权，包括证人出庭和证前宣誓的强制性、证据收集强制性［第73（3）条］；任何有出庭义务的人拒绝出庭，将会被判藐视法庭罪［第73（5）条］；证人

---

[1] Dr Philip Marsden and Charles Smith, "United Kingdom", in Dermot Cahill, *The Modernisation of EU Competition Law Enforcement in the EU*, Fide 2004 National Reports, Cambridge University Press 2004, p. 597.

[2] 根据《2002年企业法》第18~20条，第三人既可以向竞争上诉法庭也可以向一般法院，提起损害赔偿诉讼。但是第三人向竞争上诉法庭提起损害赔偿诉讼，必须以公平贸易局或竞争上诉法庭已经认定企业行为违法为前提。向法院提起损害赔偿诉讼没有此项限制。民事法庭在审理案件的过程中如遇到需要对是否有违反竞争法的行为作出决定的情况，应将问题移交竞争上诉法庭，竞争上诉法庭的决定对民事法庭有约束力。一般法院作出的判决应避免与公平交易局、竞争上诉法庭就同一竞争法案案件作出的决定相冲突。

[3] Saleem Sheikh, "Enterprise Bill", I. C. C. L. R. 2002, 13 (12), p. 45. 转引自李国海《英国竞争法研究》，法律出版社，2008，第238页。

出庭享有与到地区法院作证同样的豁免权和特权［第73（6）条］。其次，新加坡竞争上诉委员会还带有浓厚的行政色彩：由贸工部长任命竞争上诉法庭的成员，并可以随时不附加理由免除成员的职务。澳大利亚竞争法庭没有自己的有形资源，议会分配的资金由澳大利亚联邦法院管理。法庭的登记服务和行政支持均由联邦法院负责。

(二) 顺应专门法院的传统

有些大陆法系国家虽然也设置了行政法院，然而由于存在专门法院的传统，因此，会将竞争行政案件排除在行政法院之外，成立专门法院进行管辖。丹麦竞争上诉法庭的裁决可以上诉到哥本哈根海商法院（the Copenhagen Maritime and Commercial Court），并可上诉到最高法院（很少发生）。[①] 芬兰的法院体系除了存在普通法院和行政法院外，还存在大量的专门法院，如市场法院（the Market Court）、劳动法院（the Labour Court）、保险法院（the Insurance Court）和高等弹劾法院（the High Court of Impeachment）。芬兰的市场法院限制竞争的不法行为有权签发禁令或处以罚款决定，还有权监督并购行为。另外，市场法院有权推翻公共采购决定，调整公共采购程序以及指令赔偿。新的市场法院对消费者专员与商家有关商品或服务是否存在不正当竞争的纠纷有管辖权。市场法院作为一个新的机构，2002年3月1日代替竞争审议委员会和旧的市场法院。尽管芬兰有独立的行政法院系统，但是由于存在市场法院这样的专门法院，对竞争管理机构的行政裁决所进行的司法审查并没有在行政法院进行，而是由市场法院审查，并且市场法院的判决可以上诉到最高行政法院。波兰2000年《竞争法》规定华沙地区法院内成立专门的反垄断法院作为反垄断司法审查机关，2007年竞争法修订之后，竞争与消费者保护法院代替华沙地区法院作为反垄断专门法院。

---

① Camilla Jain Holtse, Bech Bruun (Aarhus), Christian Nielsen, Bech Bruun (Aarhus), Antitrust encyclopedia: Denmark, November 2007.

第三节 行政法院模式

一 行政法院模式的含义和特征

(一) 行政法院模式的含义

行政法院模式是指竞争案件的司法审查由行政法院管辖。实行行政法院管辖模式的国家和地区有欧盟[①]、中国台湾、瑞士、希腊、意大利、土耳其等，具体见行政法院模式一览表（表2-2）。

表2-2　反垄断司法审查行政法院管辖模式一览表

国家或地区	竞争主管机关	司法审查法院	法律依据	上诉法院
欧盟	欧盟委员会	初审法院（注1）	《欧共体条约》第230条	欧洲法院
中国台湾（注2）	公平交易委员会	高等行政法院		"最高行政院"
瑞士	联邦竞争委员会（Comco）	联邦行政法院	联邦行政程序法第50条	联邦最高法院
希腊	竞争委员会	雅典行政上诉法院	Law 703/1977 第14(1)条	最高行政法院

[①] 欧盟，作为欧洲一体化进程的产物，已经不同于一般意义上的国际组织。继实现货币一体化之后，欧洲一体化的步伐进一步加快，随着欧洲宪法的最终通过以及又于最近选出了欧盟的总统与外长，欧盟越来越像一个邦联制的国家。为了确保《欧共体条约》得到遵守以及各成员国公民的合法权利得到有效保护，欧共体法院根据《欧共体条约》通过对欧共体"公共机构"法令的合法性进行审查，包括根据《欧共体条约》第230条程序所规定的对欧共体机构的法令所进行的审查以及根据第234条程序对成员国法院所请求的事项作出的初步裁决，因此从一定意义上来说，欧共体法院（总部设于卢森堡，由欧共体法院、初审法院和2004年成立的公务员法庭组成）的欧洲法院和欧洲初审法院实质上已经取得了欧盟行政法院的地位。

续表

国家或地区	竞争主管机关	司法审查法院	法律依据	上诉法院
意大利	竞争管理局	拉齐奥区行政法院（TAR Lazio）	意大利竞争法（Law 287/90）第 33 (1) 条	最高行政法院（Consiglio di Stato）
土耳其	竞争管理局	国政院 Council of State（注3）	竞争法第 55 条	国政院（注4）

注1：欧洲初审法院（the Court of First Instance）成立于1989年，主要是为了减轻欧洲法院受案负担。成立之后，随着管辖权的逐步扩大，初审法院实际上已经成为具有普遍管辖权的法院，最终扩大到对所有私人提起的直接诉讼有管辖权，甚至包括审理成员国对竞争决定的质疑［《欧洲法院令协议》（Protocol on the Statute of the Court of Justice）第51条］。但是初审法院最核心的工作仍然是竞争案件以及国家援助相关问题。

注2：中国台湾公正交易委员会的裁决可以就事实问题上诉到"行政院"（the Executive Yuan）的上诉和诉愿审议委员会。该委员会通常作为上诉的场所，由"行政院"总法律顾问（the general counsel of the Executive Yuan）主持，多数成员是非法律专家以及行政法与宪法学者。其职能并不是以政策为理由推翻行政裁决，而是确保符合行政要求，其裁决可以上诉到行政法院。公平交易委员会发布指南以履行2002年《行政程序法》（the Administrative Procedure Act in 2002），并于2005年修订了这些指南：对行政机构按照正式公开听证程序作出的裁决，不能上诉到上诉和诉愿委员会，而是要直接上诉到高级行政法院（the Superior Administrative Court）。高级行政法院是根据2000年《行政诉讼法》设立的作为司法审查的一审法院，对其判决不服可以上诉到"最高行政法院"。参见"Competition Law and Policy in Chinese Taipei", OECD 2006, p. 34, http：//www.oecd.org/dataoecd/53/15/38003515.pdf。

注3：对竞争管理局的决定可以在60日内由国政院（Council of State）进行司法审查，第13庭是国政院具体管辖竞争和管制事项的专门法庭。

注4：尽管很少，国政院的裁决仍可以依据一般程序法条款进行上诉。国政院第13庭的决定可以上诉到另一个法庭，如果原法庭坚持最初裁决，案件会由上诉人提交到国政院大会（the General Meeting of the Council of State），国政院大会的决定对法庭具有拘束力，作为先例。从程序法角度，上诉人可以申请国政院总顾问（the advocate general of the Council of State）对案件重新审理。然而，是否将案件发回大会重新审理完全由总顾问决定。

（二）行政法院模式的特点

1. 实行专属管辖

反垄断裁决的司法审查实行行政法院管辖模式的国家，有的是由特定地区（通常指竞争管理当局所在地）的行政法院专属管辖，如意大利的拉齐奥区行政法院（TAR Lazio，设在罗马）和希腊的雅典行政上诉法院，有的干脆是由最高行政法院专属管辖,如土耳其的国政院。无论是地区的行政法院还是最高行政法院,对于竞争行政案件来说,司法审查的管辖法院是确定的、唯一的。

2. 具有完全的司法管辖权

一般来说,相对于普通法院,行政法院作为审理行政案件的专门法院,往往有权对行政案件具备完全的司法管辖权,因为行政法院的法官通常被认为是行政领域的专家,有能力对行政案件的事实部分进行认定。同样,在竞争案件的司法审查中,行政法院作为管辖法院,通常会对竞争行政主管机关作出的竞争裁决进行全面审查。依照希腊相关法律的规定,雅典行政上诉法院对案件具有完全管辖权,包括事实问题和法律问题。意大利判例法也表明行政法院的法官有广泛的权力审查意大利竞争管理局的行为的合法性,即是否符合法治原则,是否有充分的理由,是否超越管辖权。[1] 正如终审行政法院(Consiglio di Stato)在2007年第550号决定中重申的,行政法官有义务对反垄断部门(AGCM)的权力进行审查。行政法官审查反垄断部门行为的权力不受限制,能够审查反垄断部门有关市场的经济分析(允许对反垄断部门所作的技术性选择进行重新评估,并且法官能够对被审查事实的司法概念作出正确的解释)。[2] 然而行政法院不能直接修改竞争管理局的决定(罚款例外),可以全部(或部分)撤销或维持决定。[3] 土耳其的国政院作为上诉机构有权审理事实问题,然而国政院会尽量将审查的范围限制在程序问题上,并且,最近作出的撤销判决大多是基于纯粹的行政理由。在瑞士,根据《联邦行政程序法》第50条的规定,联邦竞争委员会(the Federal Competition Commission 或 Comco)作出的裁决可以在30日内上诉到联邦行政法院(the Federal Administrative Tribunal)。瑞士联邦行政法院,作为联邦竞争委员会裁决的上诉法院,其裁决权限与联邦竞争委员会的裁决权限相当,必要的情况下可以重新认定相

---

[1] Consiglio di Stato, Judgement of 23 April 2002 No. 219, in Case "RC Auto"; and Judgement of 30 August 2002, No. 4362 in Case "Latte artificiale per neonati".
[2] Angela Colonna, Clifford Chance (Rome), Alessandra Prastaro, Clifford Chance (Milan), Merger Remedies: Italy, July 2008.
[3] Consiglio di Stato, Judgement 30 August 2002, No. 4362 in Case "Latte artificiale per neonati".

关事实、审查法律适用、审查竞争委员会运用自由裁量权的方式。

在欧盟，依《罗马条约》第172条赋予欧洲法院完全管辖权（competence de pleine juridiction），即欧洲法院对审查欧委会所作的罚款或逾期罚款裁决有完全管辖权，可以撤销、减少或增加罚款或逾期罚款数额。1989年欧共体初审法院成立后，欧洲法院作为上诉审法院，仅限于审查法律问题。根据《欧共体条约》第225条和《欧洲法院法令》第51条第1款，上诉仅限于法律问题以及初审法院是否不具备管辖权问题。相反初审法院在对竞争案件的审查上则具有完全管辖权。根据《欧共体条约》第230条的规定，初审法院对委员会认定事实和法律结论的审查要达到自己满意。根据第229条以及1/2003条例第31条，初审法院对罚款及惩罚性措施的审查不受限制。欧盟初审法院对委员会决定进行全面审查是《欧洲人权公约》的要求。① 当然，欧洲国家上诉法院的审查强度也在发生着一些变化，尤其是欧共体初审法院在Commission vs. Tetra Laval案件中确立了新的审查标准，改变了以往采取的重新审查的标准，法院给予欧共体委员会裁决以更多的尊重。

3. 一般实行两审终审，终审法院不限于行政法院

雅典行政上诉法院的判决可以上诉到最高行政法院（the Supreme Administrative Court），但仅限于法律问题。根据意大利法律（Law 1034/1971）第23条第7款，拉齐奥区行政法院（the Latium Regional Administrative Tribunal or the "TAR Lazio"）的判决可以在通知30日内或判决公布120日内上诉到最高行政法院（the Last-Instance Administrative Court 或

---

① 欧盟的竞争法的公共执行属于行政执法模式，即调查权、起诉权与裁决权由同一个行政机构行使。欧盟这种未实行调查权与裁决权分离的反垄断执法模式往往受到诟病，被认为与《欧洲人权公约》第6（1）条的要求不符。然而，欧洲人权法院裁决，基于效率的需要，对民事权利义务的决定或者对欧洲人权公约第6条所认定的广义上的犯罪进行指控和处罚可以由行政机构执行，只要当事人能够将这样的决定交由一个有完全管辖权的符合《欧洲人权公约》第6（1）条要求的司法机构审查。欧盟反垄断执法即符合这种要求，因为欧共体委员会的裁决要受到欧洲初审法院的全面审查。Judgements of 23 June 1981, Le Compt, Van Leuven and De Meyere v Belgium, A/58 para 29; of 21 February 1984, Ozturk v Germany, A/73 para 56; and of 24 February 1994, Bendenoun v France, A/284 para 46. Dr Wouter P J Wils, *Principles of European Antitrust Enforcement*, Hart Publishing 2005, pp. 46, 47.

the Consiglio di Stato)。最高行政法院（the Consiglio di Stato）依照法律授权对拉齐奥区行政法院判决的合法性进行控制。案例法显示，最高行政法院通常会降低竞争管理局（the ICA）作出的罚款数额，尽管拉齐奥区行政法院已经确认或降低了罚款数额，例如最高行政法院在 2007 年 12 月 17 日 "Sisal－Lottomatica" 案件中的判决。联邦行政法院是瑞士联邦行政事务的普通上诉法院，其裁决可以上诉到联邦最高法院（the Federal Supreme Court）。联邦最高法院只能审查法律适用，原则上不能对事实问题进行审查。欧洲法院管辖对欧洲初审法院的裁判提起的上诉（《欧洲法院章程》第 49 条），但仅限于对法律问题进行上诉审查。

二　行政法院模式的成因分析

（一）发达的行政法院制度

选择行政法院对反垄断行政案件进行管辖的国家和地区多是欧洲大陆法国家，或者是受欧洲大陆法系影响较深的地区，如中国台湾。这些国家和地区一个共同的特点就是行政法院制度发达。将竞争执法机构的决定上诉到行政法院，有的是由竞争法专门规定，而有的则是依据《行政程序法》等普通行政法规则，如欧盟、中国台湾、瑞士。

（二）将竞争执法机构的决定视作纯粹的行政行为

实行行政法院管辖模式的国家通常将竞争执法机构的决定视为纯粹的行政行为。在这些国家，尽管竞争执法机构与普通的行政机构相比，在人员组成和裁决程序上有诸多的特点，但是仍将其视为行政机关，由行政法院进行司法审查。当一个国家的竞争执法机构作为独立机构代表国家行使竞争规制权力，即使该国家存在独立的行政法院，也未必采取行政法院模式。以法国为例，在竞争管理局未设立之前，并购案件由经济部长审查，而经济部长则是纯粹的行政机关，因此对其行为的审查由行政法院管辖。而法国新成立的竞争管理局（包括之前的竞争审议委员会）则不属于行政系统序列，因此对其作出的反垄断决定的审查由普通上诉法院而不是行政法院管辖（由于法国新成立的竞争管理局刚刚从经济部长那里取得并购案件的审查权，依据司法惯性，并购案件的司法审查管辖法院未发生变化，竞争管理局作出的并购决定仍由行政法院审查）。

小结：域外反垄断司法审查管辖的共性与启示

一 共性

尽管域外反垄断司法审查存在三种管辖模式，但是这三种模式还是存在一些共性的地方。

1. 专属管辖

除美国外，大多数国家和地区的反垄断司法审查由特定法院专属管辖。专属管辖的优越性：某一个特定法院长期浸淫竞争案件，积累了丰富的经验，无论是普通法院、行政法院还是专门法院，都会在长期的司法实践中培养出具备竞争领域专业知识和经验的专家型法官，从而实现对反垄断这种专业性较强的案件进行有效的司法审查与控制。

2. 专业性

实行专门审管辖模式的国家，其反垄断司法审查的专业性自不待言，而对于普通法院和行政法院来说，如何提升普通法官处理竞争案件的专业能力，各国均作出努力。有的通过向特定专业团体咨询的方式，更多的是在普通法院或行政法院内部设立专门的竞争法庭，增强法官裁决案件的专业性，如日本、德国卡特尔法庭，土耳其国政院的第十三庭，巴黎上诉法院第一审判庭，布鲁塞尔第十八审判庭等。

二 启示

1. 管辖模式选择与本国的司法审查制度相适应

通常来说，选择行政法院管辖模式的国家一般存在行政法院，而选择专门法院管辖反垄断行政案件的国家通常都会存在发达的裁判所制度。

2. 管辖模式的选择与反垄断行政执法体制有密切联系

根据司法审查的规律，行政案件的专业化程度与裁决程序都对司法审查的管辖有影响。通常，行政案件越专业，裁决程序越严格，对司法审查初审法院的级别要求就越高，也就越节省司法审查的审级。本书在第一节分析普通法院上诉审模式的成因时，指出实行上诉审的国家的反垄断行政执法机构具备共同的特征，即地位高度独立、执法权限广泛、裁决程序严格以及裁决人员专业等。由于这些国家的反垄断执法实行独立管制委员会体制，其强烈的独立性和合议制决策机制使得反垄断执法机构获得了"行政法庭"的地位，其正式裁决享有一审法院的效力，因而，这些国家在进行反垄断司法审查制度设计时，不约而同地选择由普通法院系统的高等法院或上诉法院直接对由独立反垄断机关经过准司法程序作出的反垄断决定进行司法审查管辖。

3. 行政裁决、审查强度与管辖法院存在一定的联系和一致性

首先，行政裁决类型决定了相应的审查强度。一般来说，适用准司法程序作出的行政决定受到的司法审查的限制要少。以美国和欧盟为例，美国的联邦贸易委员会内部存在调查和裁决分离原则，即负责调查起诉的职员与负责裁决的行政法官分离，因此通过这样的程序作出的反垄断决定在司法审查中，受到的限制较少。① 而欧盟委员会的反垄断调查与裁决职能未完全分离，② 因此在司法审查中受到的限制较多，初审法院会对委员会反垄断决定进行事实和法律审查。其次，审查强度与管辖法院相辅相成。一方面，不同的审查强度要求不同级别的管辖法院。例如，需要对案件事实问题与法律问题进行全面审查的案件一般应选择由初审法院管辖，而对案件事实问题予以尊重的案件则应该选择上诉法院。另一方面，选择什么类型的管辖法院，也大概决定了相应的审查强度。按照审查强度由高到低排列，依次是专门法院、行政法院和普通法

---

① Tim Frazer, *Monopoly, Competition and the Law: The Regulation of Business Activity in Britain, Europe and America*, Harvester Wheatsheaf, 2nd edn, 1992, p. 64, Note 55.

② Tim Frazer, *Monopoly, Competition and the Law: The Regulation of Business Activity in Britain, Europe and America*, Harvester Wheatsheaf, 2nd edn, 1992, p. 44.

院。专门法院的法官具备丰富的专业知识与经验，有能力对事实问题作出专业判断，因此通常会对案件进行全面审理；行政法院的法官作为行政案件的专家，在进行司法审查时一般也可以变更行政决定；而普通法院，尤其是上诉法院，其法官既非专业案件的专家也非行政案件的专家，因此在司法审查中一般进行程序性审查，可以确认或取消行政决定，但是无法直接变更行政决定。

4. 管辖模式并非一成不变

一个国家所采取的反垄断司法审查管辖模式并非一成不变，有些国家随着反垄断法的修订会进行一定程度的调整或变革。以葡萄牙为例，2008年之前葡萄牙实行的是专门审模式。依照2003年的《竞争法》（Law 18/2003），里斯本商业法院（the Lisbon Commerce Court）是葡萄牙竞争管理局（the Portuguese Competition Authority）的专门上诉法院（第50、54条），并可上诉到里斯本上诉法院（the Lisbon Court of Appeal）；对于并购案件，里斯本上诉法院的裁决还可以上诉到最高法院（the Supreme Court of Justice）（第55条）。2008年法令（the Decree-Law No. 52/2008）对法院管辖作了修改，改变了专门法院管辖的模式。2008年《竞争法》第51(1)条规定，对葡萄牙竞争管理局的裁决不服可以20日内上诉到地域上有管辖权的法院的商业法庭（the commerce section of the territorially competent court），而不再由里斯本商业法院专属管辖。[1]

另外，有的国家正在积极准备改革反垄断司法审查的管辖法院，如韩国。据韩国官员介绍，韩国将要进行的立法会改变对韩国公平交易委员会（KFTC）决定的上诉程序，使之接近司法审查的通常步骤。根据立法建议，对公平交易委员会的上诉第一步是到独立的首尔行政法院（the separate Seoul Administrative Court），由其作为初审法院，再进一步上诉到首尔高等法院（the Seoul High Court）。经过改革，将会提高竞争案件的审查效率。[2]

---

[1] Teresa Moreira [Portuguese Directorate-General for Economic Activities (Lisbon)], "Antitrust encyclopedia: Portugal", November 2007.

[2] "Monitoring Review of Korea", report published on *OECD Journal of Competition Law and Policy*, Vol. 9, No. 3, p. 127.

除了已经改变和正在筹备改变反垄断司法审查管辖模式的国家之外，更多的国家是参与到对是否采取专门法院模式的讨论中去。例如，美国和法国关于成立专门法院管辖竞争案件的讨论甚嚣尘上，[1] 另外，欧洲竞争法律协会（Competition Law Association）也提出要建立欧洲竞争法庭，取代欧洲初审法院对欧盟委员会有关竞争的裁决进行司法审查。

---

[1] Mr Denis Chemla's report on 5 December 2003 at Strasbourg, CEPEJ (2003) 18 (D3). Denis Chemla 是巴黎和纽约律协的律师（Lawyer at the Paris and New York Bars），Droit d'Urgence 协会的主席，法国国家人权咨询委员会（the French National Consultative Commission of Human Rights）成员。

第三章
我国反垄断司法审查管辖模式选择

第一节 制约因素

考察域外反垄断司法审查管辖模式，不难发现，一个国家选择由什么样的法院管辖反垄断行政案件，主要基于两方面的考虑，一是本国反垄断行政执法状况，二是本国固有的司法体制。反垄断执法机构独立性强、行政裁决程序严格的国家通常会选择普通上诉法院管辖模式，而有着行政裁判所制度的国家通常会选择设立专门的竞争法院管辖，有着行政法院传统的国家往往倾向于行政法院管辖模式。当然最后一种情况也存在例外，例如法国、德国和比利时，这些国家虽然有着行政法院传统，但是却选择普通上诉法院管辖模式而非行政法院管辖模式，原因在于这些国家将竞争执法机构视为与普通行政机构不同的独立机构，法国甚至将竞争主管机关排除在行政系统之外。借鉴域外经验，我国在选择反垄断司法审查管辖模式时，也应该考虑到我国反垄断行政执法体制以及我国固有的司法管辖制度。

一 我国现行反垄断行政执法体制

经过20年的酝酿与13年的争论,[①] 我国《反垄断法》终于在2007年8月30日获得通过。然而,制定法律文本只是第一步,反垄断法能否担当起"经济宪法"的重任,关键在于能否将文本上的规则运用到经济活动中去,即法的实施。域外反垄断实践证明,许多国家的反垄断法也都是在实践中日臻完善的。

与世界大多数国家一样,我国《反垄断法》也主要采取行政执法模式,即反垄断执法机关根据私人申诉或自行提起对反垄断行为进行调查并作出裁决。然而,由谁作为反垄断执法主体,成为反垄断法制定过程中讨论最多也最为棘手的问题,并且曾一度成为《反垄断法》出台的障碍。

学者认为,成立一个统一的、独立的、拥有实质权力和强大资源的执法机构对有效实施反垄断法至关重要。然而,在统一的反垄断法出台之前,反垄断规则已经零散地存在于许多领域的法律法规中,并且主要由国家发改委(依照2003年《制止价格垄断行为暂行规定》)、国家工商总局(依照1993年《反不正当竞争法》)和商务部(依照2006年《关于外国投资者并购境内企业的规定》)负责实施。[②] 在反垄断法起草过程中,早期的反垄断法草案的确如法律和商业界预期的那样,要在国务院下面成立反垄断执法机构统一行使反垄断权力。然而在反垄断法制定后期,关于在国家发改委、商务部和国家工商总局三家部门的哪一个部门内成立反垄断执法机构的问题引起了激烈争论,并陷入僵局。最终,为了反垄断法的顺利出台,立法机关在反垄断法文本上对现实作出妥协,规定由国务院规定

[①] 从1987年国务院法制局成立反垄断法起草小组、1994年首次列入立法规划,到2007年8月30日反垄断法的出台,在未实现经济转型的中国是否有必要制定反垄断法,制定什么类型的反垄断法等问题一直存在激烈的争论。

[②] 国家工商总局依据《反不正当竞争法》负责涉及捆绑销售和企业滥用市场主导地位的反垄断工作;国家发改委依据《价格法》负责与价格垄断相关的反垄断工作;商务部负责在全国建立一个统一、开放、有序的市场竞争制度,共同消除市场垄断、工业垄断和地方保护主义,因此商务部负责外资并购的反垄断审查,根据对外贸易法调查国际市场的垄断行为,并负责竞争政策的国际交流与合作。

的承担反垄断执法职责的机构,作为国务院反垄断执法机构,负责反垄断执法工作(《反垄断法》第10条第1款)。① 这里虽然未明确哪些机关应该被国务院指定为反垄断执法机关,但早在2006年国务院就有关反垄断法草案向人民代表大会常务委员会作出解释,指出反垄断执法仍分别由不同的部门继续行使。另外根据《反垄断法》第9条规定,国务院设立反垄断委员会,负责组织、协调、指导反垄断工作。② 由此,一个由国务院专门委员会协调下的反垄断行政执法体制形成,它具有以下特点。

(一) 多元执法机构

根据国务院的相关规定,我国的反垄断执法机构分别为负责对经营者集中行为进行反垄断审查的商务部,负责查处价格垄断行为的国家发改委,以及负责垄断协议、滥用市场支配地位和滥用行政权力排除限制竞争方面的反垄断执法工作(价格垄断行为除外)的国家工商总局。

1. 商务部

在反垄断法中,商务部承担规范市场的职责,包括"规范市场运行和商业秩序,消除市场垄断和地方保护主义";"重组和规范商业秩序,深化商业制度改革,建立和完善统一、开放、竞争、有序的现代市场制度";以及"起草和制定规范市场制度的条例、规章和标准,协调企业活

---

① 《反垄断法》第10条关于反垄断执法机构的笼统规定遭到众多学者的批评。学者认为,立法机关在立法过程中回避主要矛盾,将会直接影响到反垄断法的实施。学者的担忧不无道理,反垄断执法机构的模糊规定的确会给反垄断法的执行不畅埋下祸端。总结西方经验,绝大多数国家和地区在反垄断法中直接确立了反垄断执法机关,即反垄断法大都直接确立反垄断执法机关的法律地位、人员构成、职权和保障等组织制度。如美国联邦贸易委员会法直接创设联邦贸易委员会负责实施反托拉斯法;德国反对限制竞争法明确设立联邦卡特尔局负责实施该法,同时设立垄断委员会作为反垄断的咨询机构;日本禁止垄断法规定设立公正交易委员会负责实施该法,我国台湾公平交易法规定设立公平交易委员会负责反垄断执法等。然而,从发展的眼光看,反垄断法的这种模糊处理除了透视出立法者对现实的迁就与无奈,也恰恰体现出一定的前瞻性,为以后的职能调整和机构重组留有余地,毕竟,一蹴而就地制定出完美的法律还只是法律人的理想。中国的法制建设不能毕其功于一役,立法过程本身就是利益分配重组的过程,需要的不仅是创新的勇气,还有适度妥协的智慧。
② 《反垄断法》第9条规定的反垄断委员会的职责范围:(一)研究拟订有关竞争政策;(二)组织调查、评估市场总体竞争状况,发布评估报告;(三)制定、发布反垄断指南;(四)协调反垄断行政执法工作;(五)国务院规定的其他职责。

动消除市场垄断、工业垄断和地方保护主义"。为了更好地履行国务院授权的职能，在全国建立一个统一、开放、竞争、有序的现代市场制度，商务部于 2004 年 8 月在法条司内成立反垄断调查局，《反垄断法》实施后改名为反垄断局，升格为司局级单位，负责与反垄断法有关的立法和执法工作，以及竞争政策的国际交流与合作。① 商务部反垄断局下设综合处、竞争政策处、调查一处、调查二处、监察执法处、经济分析处等六个处。据商务部网站 2009 年 7 月 21 日公布的消息称，"自反垄断法实施以来至2009 年 6 月底，商务部收到 58 起经营者集中申报，已审结 46 起，其中无条件批准 43 起，附条件批准 2 起，禁止集中 1 起。"

2. 国家工商行政管理总局

根据国务院办公厅 2008 年 7 月 1 日印发的《国家工商行政管理总局主要职责内设机构和人员编制规定》（国办发〔2008〕88 号），国家工商行政管理总局的一项重要职责是，负责垄断协议、滥用市场支配地位、滥用行政权力排除限制竞争方面的反垄断执法工作（价格垄断行为除外）。②同时，"三定"方案规定国家工商行政管理总局内设反垄断与反不正当竞争执法局，负责"拟订有关反垄断、反不正当竞争的具体措施、办法；承担有关《反垄断法》执法工作；查处市场中的不正当竞争、商业贿赂、走私贩私及其他经济违法案件，督查督办大案要案和典型案件"。

3. 国家发展和改革委员会

国务院规定，依法查处价格违法行为和价格垄断行为属于国家发展和

---

① 反垄断局的具体职能：（1）起草经营者集中相关法规，拟定配套规章及规范性文件；（2）依法对经营者集中行为进行反垄断审查；负责受理经营者集中反垄断磋商和申报，并开展相应的反垄断听证、调查和审查工作；（3）负责受理并调查向反垄断执法机构举报的经营者集中事项，查处违法行为；（4）负责依法调查对外贸易中的垄断行为，并采取必要措施消除危害；（5）负责指导我国企业在国外的反垄断应诉工作；（6）牵头组织多双边协定中的竞争条款磋商和谈判；（7）负责开展多双边竞争政策国际交流与合作；（8）承担国务院反垄断委员会的具体工作；（9）承担部领导交办的其他事项。

② 国务院办公厅 2001 年 8 月发布的经国务院批准的《国家工商行政管理总局职能配置内设机关和人员编制规定》已经规定了国家工商总局关于竞争事务的职能："依法组织监督市场竞争行为，查处垄断、不正当竞争、走私贩私、传销和变相传销等经济违法行为"。国家工商总局依据该"三定"方案，成立公平交易局，下设反垄断处。

改革委员会的一项职责。按照"三定"方案规定，国家发展和改革委员会内设价格监督检查司，负责依法查处价格垄断行为等工作。其主要职责包括"起草有关价格监督检查法规草案和规章；指导价格监督检查工作，组织实施价格检查，依法查处商品价格、服务价格、国家机关收费中的价格违法行为，依法查处价格垄断行为；按规定受理价格处罚的复议案件和申诉案件"。

另外，我国在特定行业（如电信、电力、邮政、铁路、石油、银行、保险、证券）设立了主管部门或监管机构。2006年6月的反垄断法草案第44条规定，对于反垄断法中规定的垄断行为，如果有关法律、行政法规规定应当由有关部门或者监管机构调查处理的，反垄断执法机构不享有管辖权。我国反垄断专家王晓晔研究员对此提出批评，认为不符合当前世界各国立法的潮流，担心行业监管机构容易被"俘获"，不能有效地执行国家的竞争政策。王晓晔研究员进一步指出，由行业监管机构在各自行业适用部门法处理反垄断事务，会降低反垄断执法的效率，不利于建立统一的市场竞争秩序。[①] 由于专家学者的反对，我国最终出台的《反垄断法》对行业反垄断执法权的分配采取了回避态度，未排除反垄断执法机构对公共服务行业的适用。但可以肯定的是，行业主管机关或监管机构不会轻易放弃对其行业内存在的垄断案件的执法权限，至于与竞争机构的关系则有待于在反垄断法的实施中进一步明确。

（二）未设置专门反垄断执法机构

专门反垄断执法机构，是指为了执行反垄断法而由国家立法机关设立的能够独立地对反垄断事务进行调查并作出裁决的国家机构。这些专门反垄断执法机构是为实施反垄断法而专门设立的，因此其职能具有单一性，即主要处理竞争事务。专门反垄断执法机构通常以"竞争""公平交易"等字眼命名，如美国的联邦贸易委员会、英国的公平交易局和竞争委员会、日本的公平交易委员会以及德国的联邦卡特尔局等。除了职能具有专

---

① 王晓晔：《论反垄断执法机构与行业监管机构的关系》，2006年8月14日《中国经济时报》；王晓晔2007年3月26日在中国社会科学院研究生院法学前沿课上作的报告：《我国最新反垄断法草案中的若干问题》。

门性之外，专门反垄断执法机构还有一个重要的特点是"独立"。为了保障反垄断执法机构的独立性，有的国家设立独立管制机构，代表国家行使反垄断执法权力，不隶属于任何政府部门，如美国的联邦贸易委员会；①还有的国家虽然将专门反垄断机关设置在行政机关内部，但也会采取相应的措施保障其独立性，不受行政机关的干预，如日本禁止垄断法中设置"合法身份保障制度"和"报酬保障制度"来保障公平交易委员会的独立地位。当然，根据反垄断的政策性要求，许多国家也会在反垄断执法机构之外，赋予其他行政机关一定的反垄断权力，如英国的国务大臣、德国的联邦经济部长等。由于专门反垄断执法机构的基本职责是维护市场竞争，将维护公正的市场竞争秩序作为其最高标准和最终目标，因此与非专门的反垄断执法机构相比，专门反垄断执法机构处理反垄断事务，主要依据反垄断法，判断案件的是非曲直以是否有利于竞争为最高标准，而不会特别考虑其他政治、经济因素。② 因此，为保障反垄断法的有效实施，各国都设立了专门的反垄断执法机构，可以说，没有独立的反垄断执法机构很难实现反垄断执法的公正。③

我国《反垄断法》未设置专门反垄断执法机构，由《反垄断法》出台之前已经拥有反垄断执法权力的国务院职能部门继续履行反垄断职能：商务部负责经营者集中的监管；国家工商总局负责垄断协议以及滥用优势地位行为的监管；国家发展和改革委员会负责查处价格垄断行为。我国反垄断执法机构职能多元，且不具有独立地位。商务部、国家工商总局和国

---

① 世界银行 2002 年的一个报告对 50 个发达国家进行统计，有 63% 的国家设置的专门反垄断执法机构，不属于任何政府部门。资料来源：World Bank World Development Report 2002, Building Institutions for Markets, p. 142, 转引自 Michael J. Trebilcock and Edward M. Iacobucci, Designing Competition Law Institutions, World Competition 25 (3), 2002, p. 365.
② 而非专门机构通常是综合性的行政机构或行业监管机构，在执行反垄断法的过程中，会更多地考虑（行业）公共利益、整体经济效益等方面的内容，通常会考虑所有经济上与案件有关的各个要素，而不仅仅是竞争问题和纯粹的法律执行问题，毕竟，对于政府行政长官来说，保护竞争只是提高就业率、改善产业结构、提高社会福利水平等经济政策的目的之一，而不是最高目的。参见李国海《反垄断法实施机制研究》，中国方正出版社，2006，第 41 页。
③ 参见张瑞萍《反垄断机构设置理念分析》，杨紫烜主编《经济法研究》（第 6 卷），北京大学出版社，2008，第 122 页。

家发改委均是机构庞大、目标多样、以调控为主的综合性国家机关，处理反垄断事务只是其职能的一部分。商务部作为直属于国务院的综合性行政机关①，具有多方面的职能，既对国内外经济与贸易进行宏观调控②，也执行一些具体的工作任务③。主要处理反垄断事务的反垄断局只是商务部众多内设部门中的一个。国家工商行政管理总局是2002年由国家工商行政管理局调整而来，升格为正部级，作为国务院主管市场监督管理和有关行政执法工作的直属机关。④ 反垄断执法主要由其内设机构反垄断和反不

---

① 设置了人事教育劳动司、政策研究室综合司、条约法律司、国际经贸关系司、对外贸易司、产业司、市场体系建设司、外国投资管理司、对外经济合作司、进出口公平贸易局以及产业损害调查局等多个部门。
② 如拟定国内外贸易和国际经济合作的发展战略、方针、政策，起草国内外贸易、国际经济合作和外商投资的法律法规，拟定国内贸易发展规划，研究提出流通体制改革意见，研究拟定规范市场运行、流通秩序和打破市场垄断，建立健全统一、开放、竞争、有序的市场体系；宏观指导全国外商投资工作；拟订并执行对外援助政策和方案等。
③ 如研究制定进出口商品管理办法和进出口商品目录，负责并指导我国驻世界贸易组织代表团、负责组织协调反倾销、反补贴、保障措施及其他与进出口公平贸易相关的工作。
④ 国务院批准的《国家工商行政管理总局主要职责内设机构和人员编制规定》（国办发〔2008〕88号）规定：根据《国务院关于机构设置的通知》（国发〔2008〕11号），设立国家工商行政管理总局（正部级），为国务院直属机构，其主要职责包括：(1)负责市场监督管理和行政执法的有关工作，起草有关法律法规草案，制定工商行政管理规章和政策。(2)负责各类企业、农民专业合作社和从事经营活动的单位、个人以及外国（地区）企业常驻代表机构等市场主体的登记注册及监督管理，承担依法查处取缔无照经营的责任。(3)承担依法规范和维护各类市场经营秩序的责任，负责监督管理市场交易行为和网络商品交易及有关服务的行为。(4)承担监督管理流通领域商品质量和流通环节食品安全的责任，组织开展有关服务领域消费维权工作，按分工查处假冒伪劣等违法行为，指导消费者咨询、申诉、举报受理、处理和网络体系建设等工作，保护经营者、消费者合法权益。(5)承担查处违法直销和传销案件的责任，依法监督管理直销企业和直销员及其直销活动。(6)负责垄断协议、滥用市场支配地位、滥用行政权力排除限制竞争方面的反垄断执法工作（价格垄断行为除外）。依法查处不正当竞争、商业贿赂、走私贩私等经济违法行为。(7)负责依法监督管理经纪人、经纪机构及经纪活动。(8)依法实施合同行政监督管理，负责管理动产抵押物登记，组织监督管理拍卖行为，负责依法查处合同欺诈等违法行为。(9)指导广告业发展，负责广告活动的监督管理工作。(10)负责商标注册和管理工作，依法保护商标专用权及查处商标侵权行为，处理商标争议事宜，加强驰名商标的认定和保护工作。负责特殊标志、官方标志的登记、备案和保护。(11)组织指导企业、个体工商户、商品交易市场信用分类管理，研究分析并依法发布市场主体登记注册基础信息、商标注册信息等，（转下页）

正当竞争执法局负责。国家发展和改革委员会作为国务院组成部门,主要负责国民经济和社会发展战略等宏观政策的拟定和组织实施以及指导和推进经济体制改革,其职能具有宏观性、全局性的特点。国家发改委内设28个部门,价格垄断行为主要由价格监督检查司具体查处。

将反垄断执法职能赋予这些机构庞杂、职能多元的行政部门,很难保障反垄断执法的独立性与专业性。首先,商务部、国家工商总局和国家发改委作为非专门反垄断执法机构,在处理反垄断事务时会更多地考虑国家的经济政策或产业政策,如提高就业率、改善产业结构、提高社会福利水平等,而不仅仅关注于竞争问题。这样做的结果将会牺牲个案中公平公正,长远看不利于反垄断法的有效实施。其次,反垄断执法机构的设置会削弱反垄断执法的专业权威。虽然,具体承办反垄断事务的部门通常具有相应的专业知识背景,然而由于其本身从属于行政机关,不具有独立地位,因此反垄断裁决行为最终以行政机关的名义作出,而行政机关实行首长负责制,因此不具备竞争专业知识背景的行政首长对反垄断事务拥有决定权。另外,虽然为有效实施反垄断法,根据国务院新的"三定"方案,商务部、国家工商总局和国家发改委均改变原有在内设机构下设反垄断调查机构的做法,① 将具体承办反垄断事务的机构升格为司局级,以凸显反垄断工作的重要性,然而,这些机构由于独立地位的缺失,在承办反垄断事务时仍然会会面临着其他内设机构的约束或影响。

(三) 反垄断执法机构的权限不明确

我国的反垄断执法权主要由以商务部、国家工商总局和国家发改委组成的多元反垄断执法机构与行业监管机构行使。由于反垄断法未明确其相各自的权力范围以及相互之间的关系,因此,必然会导致管辖权的重叠和混乱。

(接上页注④)为政府决策和社会公众提供信息服务。(12)负责个体工商户、私营企业经营行为的服务和监督管理。(13)开展工商行政管理方面的国际合作与交流。(14)领导全国工商行政管理业务工作。(15)承办国务院交办的其他事项。

① 统一的反垄断法出台之前,商务部的反垄断调查局位于法条司内,国家工商总局在公平交易局下设反垄断处。

（1）商务部和国家工商总局有关境外并购反垄断审查权限重叠。经营者集中的反垄断审查主要由商务部负责，然而，依据2003年国务院四部委联合颁布的《外国投资者并购境内企业暂行规定》以及之后修订的于2006年9月8日实施的《关于外国投资者并购境内企业的规定》，对外国投资者并购境内企业，或对中国市场竞争有影响的境外并购，由商务部和国家工商总局负责反垄断审查。国家工商总局制定了"外资并购反垄断审查申报材料清单"，规范了企业材料的申报。截至2007年，国家工商总局共收到企业上报的并购申请材料320多份。[1]

（2）国家工商总局和国家发改委之间存在职权交叉问题。国家工商总局根据"三定"方案规定，负责垄断协议、滥用市场支配地位、滥用行政权力排除限制竞争方面的反垄断执法工作（价格垄断行为除外）。国家发改委主要负责价格垄断行为的查处。然而，涉及价格的"垄断协议""滥用市场支配地位"等行为在国家工商总局和国家发改委之间如何分配还有待更明确的规则或者执法协调。

（3）反垄断机构与行业监管机构之间权限不明。虽然《反垄断法》并未排除反垄断主管机关对于公共服务领域的适用，然而在如何处理反垄断执法机构和行业监管机构的关系这一敏感问题上，采取了回避态度。

尽管我国反垄断法明确在国务院下设反垄断委员会，负责反垄断执法机构之间以及反垄断执法机构与行业监管机构之间的协调工作，然而，如果未能在法律中明确反垄断执法权限，仅仅靠一个部门协调只能是权宜之计。

（四）反垄断裁决程序缺失

在竞争法中设计科学合理的反垄断裁决程序是竞争法本身的性质以及行政裁决制度所必然要求的。首先，竞争法实体部分的实施仰仗发达的程序法加以保障。竞争法中，"经济"虽然是一个重要因素，但并非唯一基

---

[1] 2009年7月2日，国家工商总局在其网站上发布的文章：《国家工商总局将加强外资并购反垄断审查》，http://www.saic.gov.cn/jgzf/fldybzljz/200803/t20080320_45615.html，最后访问日期：2010年12月25日。

础。竞争法不仅仅实施经济原则，作为法律，还体现政治选择的主观性。另外，凡法律则力求确定和透明，要保障实体权利和程序权利，因此竞争法是一个有关规则和程序的复杂制度。① 反垄断法的实施涉及市场中的竞争双方、消费者、社会公众等多方面的利益，要在众多的利益中实现最佳的平衡，实体法的设计固然重要，但程序法的运作则更为关键。为了应对瞬息万变的现实环境，各国竞争法均在实体规定上有意保持了一定的不确定性或模糊性，为反垄断执法机构保留较大的自由裁量权。要保证自由裁量权的合理行使，则必须从程序角度入手，构造正当的行政程序。② 其次，反垄断执法机构作为反垄断案件的裁决主体，必须遵循带有"司法"性质的程序，才能获得裁决的权威与公信力。随着市场经济的纵深发展，我国政府职能面临重大调整，而赋予传统的行政机关一定的司法裁决权，是行政机关履行日益复杂的经济事务的必然要求，也是实现我国行政现代化的路径选择。行政裁决权，作为行政权与司法权的结合，其区别于传统行政权的最大特点在于其行使应遵循严格的行政裁决程序，如听证程序、内部调查与裁决分离程序等。

　　域外反垄断法治发达的国家通常会在反垄断法里对反垄断执法程序作出详细规定，或者专门出台程序指南。而我国反垄断法涉及程序性的规定非常有限，反垄断程序法不发达。另外我国行政机关工作人员的程序意识普遍比较薄弱，又没有统一的行政程序法可以依据。③ 我国反垄断行政裁决程序不得不依靠执法机构发布的指南。为提高反垄断执法的透明度，规范经营者集中申报和审查工作，商务部起草了《经营者集中审查暂行办法》，并规定了听证制度，包括听证会的组织、听证会笔录和单独听证。商务部依据《反垄断法》和《国务院关于经营者集中申

---

① "Judicial Enforcement of Competition Law 1996", *Competition Law & Policy OECD*, p. 11, http://www.oecd.org/dataoecd/34/41/1919985.pdf. 最后访问日期：2011年1月10日。
② 杨会永：《行政裁决与我国行政法的改革》，中国社会科学院研究生院2008年博士论文，第54页注释2。
③ 统一行政程序立法是20世纪，尤其是中后期行政法最大的特点。行政程序立法经历了三次立法浪潮，法治发达的国家均出台统一的行政程序法。然而我国由于程序文化欠发达，加上行政权力阶层的阻力，我国至今未出台统一的行政程序法。

报标准的规定》发布《经营者集中反垄断审查办事指南》，就申请条件、申请资料、许可程序作出了规定。国家工商总局2009年上半年公布了《工商行政管理机关查处垄断协议、滥用市场支配地位案件程序规定》和《工商行政管理机关制止滥用行政权力排除、限制竞争行为程序规定》。

针对我国目前的反垄断执法体制，学者纷纷将批评的矛头指向多元的执法机构，甚至将之视为我国反垄断法的致命弱点。[1]建议借鉴美国司法部和联邦贸易委员会之间按照行业划分管辖权的做法，共同发布一些执行反垄断法的指南，以提高反垄断执法的稳定性和当事人对其行为法律后果的可预期性。[2] 当然，设立一个全新的反垄断执法机构理论上是可以避免管辖权混乱等问题，然而，与完全摆脱现有的反垄断执法体制"另立炉灶"相比，整合现有资源，在实践中渐进式地塑造独立和权威的反垄断执法机构似乎是更为现实的路径选择。因此也有学者建议，为了尽量减少多部门分散执法格局下管辖权的冲突或缺位，一方面反垄断立法应该作出更为明确的规定，另一方面在法律实施中，不同执法机构之间需要更多的沟通与信息共享，甚至可以设立不同执法机构共同参与的联席会议制度

---

[1] Zhengxin Huo, "A Tiger without Teeth: The Antitrust Law of The People's Republic of China", *Asian – Pacific Law & Policy Journal*, Vol. 10: 1.

[2] 美国司法部和联邦贸易委员会为了减少相互之间的摩擦，曾在1948年达成一个备忘录，即在一方发动反托拉斯调查之前，需通告另一方，以避免管辖权的冲突和民事诉讼冲突。此外，这两个机构还设置了"联络官"，负责疏通双方的关系。这种疏通除了发生在一方对限制竞争案件的调查之前，也会发生在一方对某个行业的竞争环境调查之前。一方对另一方进行通告后，如果对方没有异议，这就得到了对方的认可（clearance）。如果一方在没有得到对方认可的情况下调查某个企业，两个机构的矛盾不可避免。为了减少冲突，美国司法部和联邦贸易委员会根据它们各自的执法经验在管辖权方面划分了一个大致标准。一般来说，司法部反托拉斯局负责处理计算机软件、金融服务、媒体和娱乐以及电信市场的竞争问题，联邦贸易委员会处理汽车和卡车、计算机硬件、能源、医疗、药品制造和生物技术等领域的反竞争行为。为了提高法律稳定性和当事人对其法律行为后果的可预期性，司法部和联邦贸易委员会在90年代以来还联合发布了很多反托拉斯指南，如《横向合并指南》《知识产权许可反托拉斯指南》《国际经营的反托拉斯执法指南》等。见王晓晔2007年3月26日在中国社会科学院研究生院法学前沿课上作的报告：《我国最新反垄断法草案中的若干问题》。

（央行、证监会、银监会、保监会在这方面做了初步尝试）。① 学者寄希望于反垄断法能为发育内生的合作与制衡机制创造条件，认为简单求助于传统的增设机构的方式并不能真正解决问题。该观点为政府管理模式提供了新的具有建设性的思路，对于提高反垄断立法水平以及构建科学的执法体制具有很强的启发意义。

国外有学者将发展中国家反垄断法在实施过程中面临的问题总结为三方面，即有限的资源和权力（Resource and Capacity Constraints），政治意志和独立缺失（Lack of Political Will and Independence），以及缺少竞争文化（Absence of Competition Culture）。② 而我国的反垄断法在实施过程中除了面临这些共同的问题之外，更为致命的缺陷是程序性规定的欠缺，尤其是未规定公正、无偏私的反垄断裁决程序，那么在实施过程中必然会侵蚀反垄断的实体法规则，大大削弱反垄断法的实施效果。

二　我国固有的司法审查管辖制度

我国行政法意义上的司法审查是指法院对行政主体的行为进行合法性审查。根据《行政诉讼法》及其司法解释，我国司法审查的管辖体制具有以下三方面的特点。

（一）专门法院不审查行政案件

根据宪法和法院组织法的规定，我国设立最高人民法院、地方各级人民法院和军事法院等专门人民法院（《宪法》第124条），行使审判权（《法院组织法》第2条）。对于专门人民法院，《宪法》和《法院组织法》（2003年9月修订）仅明确规定必须设立军事法院，对于其他专门法院的设置没有具体规定。根据实践需要，我国已经设立了海事法院、铁路

---

① 周汉华：《对设立反垄断委员会的利弊分析》，载《经济观察报》2006年7月24日。

② Ratnakar Adhikari, Malathy Knight - John, "What Type of Competition Policy and Law Should a Developing Country Have?", South Asia Economic Journal, 2001 - 05 - 01, http://sae.sagepub.com/cgi/content/abstract/5/1/1.

运输法院、森林法院、农垦法院、石油法院等专门人民法院。根据最高人民法院 2000 年出台《关于执行〈中华人民共和国行政诉讼法〉若干问题的解释》（以下简称《行政诉讼法司法解释》）第 6 条第 2 款规定，专门人民法院、人民法庭不审理行政案件，也不审查和执行行政机关申请执行其具体行政行为的案件。因此，我国司法审查的管辖法院是普通人民法院，将专门人民法院排除在外。

（二）未设置独立的行政法院

普通法系司法权监督行政权意义上的司法审查制度对应于大陆法系的行政诉讼制度。而大陆法系之所以称为行政诉讼制度，缘于两方面的特点：首先，行政诉讼由专门的、独立于普通法院的行政法院管辖①；其次，行政诉讼依据单独的行政诉讼法。与典型的行政诉讼制度相比，我国的行政诉讼虽然也有单独的《行政诉讼法》作为依据，但是由于我国未设置独立于普通法院的行政法院，行政诉讼是由普通法院受理，具体由普通法院的行政法庭管辖。② 因此，我国的行政诉讼制度更接近日本的行政诉讼制度。日本根据战后宪法的规定，撤销了行政法院，将行政案件归属普通法院管辖，具体由普通法院内部的行政法庭审理。但是与美国司法审查的程序基本上适用民事诉讼程序规则③不同，日本的行政诉讼依据 1962 年制定的单独的《行政事件诉讼法》（2004 年修订）。

（三）级别管辖未实行职能分层制

法院的职能分层制是指各国一般以初审、上诉和终审的审级职能为中心，围绕着事实问题与法律问题、私人目的与公共目的之间关系的协调，对一般管辖权法院进行了明确的职能划分，确保通过诉讼实现解决纠纷和维护法律秩序的制度目标。职能分层作为一种最优的制度配置，其意义在

---

① 当然大陆法系国家的行政诉讼也并非都由行政法院管辖，有些是由普通法院管辖，如对反垄断裁决的审查。
② 《行政诉讼法》第 3 条第 2 款规定，人民法院设行政审判庭，审理行政案件。
③ 美国联邦行政程序法和司法审查法均不是专门的行政诉讼程序法典，这些法律只是对于司法审查诉讼管辖及程序的某些特殊性问题作出了规定。凡法律未有特别规定者，均适用普通民事诉讼程序规则。

于：一方面能够整合现有的司法资源，使下级法院形成专业化的分工，从而有利于法官的职业化；另一方面，职能分层与司法的金字塔结构完全契合，能够兼顾私权保护与法律统一适用的双重目的。① 正是职能分层制的存在，实行普通法院管辖司法审查的国家，对行政机构（administrative agency）作出的行政行为进行审查，往往排除初级法院管辖，而直接由上诉法院进行审查。然而，我国的法院体系并未采取职能分层制：我国包括最高、高级、中级和基层人民法院在内的四级法院系统在级别管辖权上，每一级法院都可以受理一审案件；在功能设置上，自中级法院开始，每一级法院都可作为终审法院。这种司法体制忽略了事实问题与法律问题、私人利益与公共利益、个案解决与统一法律规则之间的差异对上下级法院职能分层的要求。制度设置上的叠床架屋容易带来法院职能混淆、功能不清的弊端，也使得中级法院和高级法院的法官同时兼理初审和上诉审双重任务，往往造成法官角色冲突。② 也有学者将我国现行的这种行政性审级制度形象地称为柱体结构，与西方法院体制的金字塔结构迥异。③ 由于职能分层制的缺失，我国行政诉讼法及其司法解释在管辖制度设计时，并未凸显行政诉讼与民事诉讼在审查对象上的区别，仍简单模仿民事诉讼制度中有关管辖的规定，每一级法院均有司法审查的初审管辖权。

（四）行政诉讼管辖制度的职能错位

我国现行的《行政诉讼法》规定的级别管辖以基层人民法院管辖行政案件为原则。学者认为，基层人民法院管辖行政案件，无法摆脱地方政

---

① 肖建国：《民事诉讼级别管辖制度的重构》，《法律适用》2007年第6期，第8页。
② 肖建国：《民事诉讼级别管辖制度的重构》，《法律适用》2007年第6期，第8页。
③ 在当代世界，除少数苏东国家和极少数人口稀少的国家和州之外，以三个审级构成的司法金字塔成为一种通用的结构。三个审级通过职能分层而在满足私人利益和公共利益，解决个案纠纷与创制司法规则之间寻求妥协；越接近塔基的法院和审级越接近于民众并且越易于掌握事实和解决个案纠纷，所以关注事实问题的程度越高；越接近于塔顶的法院和审级越接近于决策且越易于把握宏观信息和创制普适性规则，所以关注法律问题的程度越高，而各国最高法院均不审查事实问题（尽管对"事实问题"的定义差异很大）；位于塔腰的法院和审级对于事实问题和法律问题的倾斜度则在很大程度上取决于初审程序的模式，同时取决于本国法律传统统一法律功能的实现模式和对最高法院在创制规则方面功能的期许。傅郁林：《转型中的中国民事诉讼制度》，《清华法治论衡》（第6辑），第76页。

府的行政干预，不利于行政案件的公正审判，因此应该提高行政案件的一审管辖法院的级别。① 不可否认，在司法机关存在行政化和地方化的背景下，基层法院难以抵御政府的强势干预从而影响到案件的公正审判是客观存在的。然而，当学者把批评主要集中在管辖法院级别过低不适应公正审判的要求时，很大程度上遮蔽了问题的实质。基层法院不能保证公正审判行政案件的要害所在并不是级别管辖低，司法审查应该由较高级别的法院管辖是基于司法审查制度本身的逻辑需要。行政诉讼与民事诉讼由于审查对象的不同，对一审管辖法院有着不同的要求。民事诉讼是法院对民事争议进行事实认定和法律适用的过程，因此一般以基层法院管辖为原则。以行政争议为审查对象的行政诉讼要对行政主体认定事实和适用法律是否正确进行审查，属于第二次适用法律，因此由上诉法院管辖较为适宜。提高审级，改变我国行政诉讼法规定的基层人民法院管辖原则，虽然客观上会起到保障行政案件公正审判的效果，但是主要目的是回归司法审查管辖制度的应然状态。最高人民法院 2008 年初出台《最高人民法院关于行政案件管辖若干问题的规定》（简称《管辖司法解释》），其精神是集中在"提高审级"与"异地管辖"两点上，均是为了降低行政对司法的干预而对级别管辖和地域管辖做的调整，其中的"异地管辖"在一定程度上牺牲了确定管辖制度的"两便"原则，因此只能是权宜之计。

　　本书第二章将域外反垄断司法审查的管辖法院分为三种模式，即普通法院上诉审模式、行政法院模式和专门法院模式。我国选择何种管辖模式，需要从我国现行的司法审查管辖制度出发，结合反垄断行政执法体制，对这三种模式逐一进行考察，从而确定契合我国司法实践的管辖模式。

第二节　行政法院模式的非现实性

　　行政法院管辖模式，是指由独立于普通法院系统的专门的行政法院对反垄断行政行为进行司法审查。从第二章域外管辖模式的分析可以得出，

---

① 马怀德：《行政法制度建构与判例研究》，中国政法大学出版社，2000，第 138 页。

选择行政法院管辖反垄断行政案件的国家通常存在行政法院传统。大陆法系国家通常建立独立的行政法院，而英美的行政法院（administrative courts）通常不具有独立性。① 我国现有的司法管辖体制未设立行政法院，然而未设置行政法院并非是不能采取行政法院管辖模式的理由，毕竟已经有相当一部分学者倾向于（甚至呼吁）设置独立的行政法院。因此，行政法院管辖模式是否可行的关键是中国将来会不会出现单独的行政法院体系，下面围绕着是否有必要构建行政法院进行论述。

一 学者关于设置行政法院的理由

针对当下我国行政诉讼司法实践中存在的一系列问题，有很多学者将构建行政法院作为保证行政诉讼制度良好运行的一剂良药。是否设置行政法院，早在《行政诉讼法》的起草过程中就曾经有过争论。② 多年来，设置行政法院的呼声始终没有中断。学者建议设立行政法院的理由主要有以下几个方面。

（1）借鉴法德行政法院的经验。世界上许多国家都设立了行政法院。如法国行政法院，尽管它属于行政机关系统，但具有明显的独立性。而德国、瑞士、瑞典、比利时、意大利、芬兰、墨西哥等国的行政法院都属于司法系统。学者认为以法德为代表的国家的行政法院为我国构建行政法院积累了成功的经验。③

（2）建立行政法院有助于减少行政权对行政诉讼的干预。《行政诉讼法》自1989年颁布以来，已经实施20余年，行政诉讼制度虽然有所发展，但是普遍存在"四难""两高"问题，即"起诉难""受理难""审判难""执行难"以及"维持率高""撤诉率高"。究其原因，除了《行

---

① 美国通常会在行政机关内设置行政法院（主要是行政法官），作为行政机关的一部分，对行政裁决在行政系统内进行复审；而英国的行政法院设置于高等法院的后座法院内，属于普通法院的一部分。
② 姜明安：《行政诉讼法学》，北京大学出版社，1998，第6页。
③ 李红枫：《行政诉讼管辖制度现状及对策分析》，《行政法学研究》2003年第1期；马怀德、王亦白：《透视中国的行政审判体制：问题与改革》，《求是学刊》2002年5月第3期。

政诉讼法》自身存在"受案范围"过窄等问题之外,更多的是行政诉讼受到法外干预,尤其是行政干预太多。为了降低行政干预,学者提出"提高审级""交叉审判"和"设置巡回法庭"等建议,其中"设置独立的行政法院"被认为是解决当前我国行政审判困境的最佳途径,为我国司法改革提供了有效的突破口。①

(3) 成立行政法院是应对行政案件日益专业化的需要。有学者认为,随着现代行政的日趋复杂和专业,行政案件的审理对法官的专业知识背景提出了更高的要求,而普通法院的法官由于不具备相应的专业知识和行政经验,不能胜任对行政案件的审理。而由具备特定专业背景的法官组成的行政法院,能够提高行政案件审理的质量与效率,满足现代行政的需要。另外,通过行政法院对行政案件的集中审理,有助于培育一批专业化程度较高的法官队伍。

二 对设置行政法院的理性思考

推崇行政法院的学者认为构建行政法院是提高行政审判的独立性以及应对日趋专业化的现代行政的必然选择,并且法、德等国家的行政法院为我国提供了可资借鉴的经验。然而,这三点理由均经不起仔细推敲。

首先,法、德的行政法院是特定历史背景下的产物,而我国当下的司法境况与当时的历史背景相去甚远。另外,法国和德国之所以成立独立的行政法院管辖行政诉讼案件,是基于长期形成的公法与私法区分的观念,认为由普通法院处理公法方面的事务是不适当的。② 而我国并不存在这样的理念,并且美国与日本的成功经验昭示由普通法院管辖公法案件未尝不可。

其次,构建行政法院虽然可以在一定程度上降低行政审判的法外干预,但绝非最佳选择。一方面,行政审判所面临的由于法院缺乏权威性、

---

① 马怀德主编《司法改革与行政诉讼制度的完善》,中国政法大学出版社,2004,第43页。
② 〔印〕M. P. 赛夫:《德国行政法——普通法的分析》,周伟译,山东人民出版社,2006,第192、193页。

法院地方化等原因导致的行政干预司法的问题并非行政诉讼所独有，而是整个司法体制面临的共性问题。虽然与普通民事诉讼相比，行政法庭在审理行政案件时面临来自行政干预的力度更大，公正审判更难，然而，司法公正依赖于整个司法权力的独立，要从整体上彻底解决这些问题，只有不断推进和深化以司法独立为导向的司法改革。当然也有学者认为，实现司法独立是一个长期的、艰巨的历史任务，而构建独立的行政法院可以作为突破口，取得局部的司法独立。然而，这也只是学者的一厢情愿，因为，构建行政法院同样是一项关乎司法体制的重大变革。如果把以司法独立为目标的司法改革比喻成换血手术的话，构建行政法院不亚于器官移植。既然我们的学者相信决策者有构建行政法院的决心，也应该相信决策者有决心和能力推进司法改革，构建独立的司法。因此，与其在旧的司法体系内重构一套法院系统，还不如更新整个司法体系，使其焕发出司法独立的光芒，更何况，没有整个司法体系的独立，行政法院也很难独善其身。并且，正如有学者指出的那样，这种迫于中国行政审判困境而引入行政法院的主张，更多的是想借国外行政法院的名和壳，夺取司法独立至少是行政审判独立的高地，而在一定程度上掩盖了行政诉讼模式面临的深层问题和引进行政法院模式的真正价值。[1] 另一方面，设置行政法院会使得司法系统变得庞杂和臃肿，增加运行成本。为解决普通法院与行政法院之间的管辖权争议，还需要设立权限争议法庭，[2] 这将进一步增加司法系统的复杂性，增加当事人寻求司法救济的成本。而目前，就整个世界趋势来看，降低司法烦琐，建立简单、统一的司法体系是各国司法改革的方向。因此，无论仰望理想，还是着眼现实，设置行政法院都不是最佳选择，"要走出行政诉讼的困境，除了司法制度自身的完善，还有赖于一个能够相对独立于国家权力的市民社会的成长，有赖于民主、宪政的完善"。[3] 另外，二

---

[1] 杨伟东：《建立行政法院的构想及其疏漏》，《广东社会科学》2008 年第 3 期，第 190 页。

[2] 为了消除行政法院与普通法院在管辖权上的冲突，法国设立冲突法院（Tribunal des Confilcts），德国在五种最高法院类型之上建立了一个联合参议院（Gemein samer senat）。〔印〕M. P. 赛夫：《德国行政法——普通法的分析》，周伟译，山东人民出版社，2006，第 186 页。

[3] 何海波：《行政诉讼撤诉考》，《中外法学》2001 年第 2 期。

战后撤销行政法院的日本，仍然成功演绎和发展出一套为世界公认的公正的行政诉讼制度也再次昭示着：独立的司法体制才是保证行政诉讼制度取得成功的关键。

最后，行政法院并非是应对复杂行政案件的唯一选择。首先，并非所有的行政案件都具有较强的专业性，普通法院的法官完全有能力胜任。其次，即使专业性较强的行政案件，现行的在普通法院内设置行政法庭同样能够应对行政案件的专业化审判。当然，有人担心行政法庭内设于普通法院，地位较低，无法进行独立公正的审判。然而，这不是行政法庭本身的问题，而是前面第二点提到的司法不独立的问题。从整体上保障司法独立地位，就意味着整个法院系统、内设法庭乃至每一个法官的独立。日本内设于普通法院的行政法庭运行良好，就足以证明，在司法独立的前提下，无论是单设专门的行政法院还是在普通法院内设行政法庭，都能够实现行政案件的公平和专业审判。

从前面的论述可以看出，关于是否有必要设置行政法院，学界存在广泛的争论，并且决策层也未有任何迹象表明要在可预见的未来设置行政法院，因此对于反垄断司法审查而言，行政法院模式在我国不具有现实性。

第三节　专门法院模式的可替代性

本书第二章第二节对专门法院模式的含义和特征进行了描述和归纳。反垄断司法审查的专门法院管辖模式是指国家通过单独立法成立专门法院管辖反垄断行政案件，或者以审理反垄断行政案件为主要事务管辖权。设置专门反垄断法院或竞争法院的国家通常拥有发达的行政裁判所制度（很多国家的反垄断法院是由行政裁判所发展而来）或具备专门法院传统。

与普通法院相比，专门法院通常具有以下特点：首先，专门法院的管辖权单一，只审理特定类型的案件。其次，专门法院适用的程序简便快捷。专门法院通常不是通过庭审处理案件，即使经过庭审程序，比起普通法院也要快捷得多。另外，大多数专门法院的法官并非法律专家，而是具备特定技能的专业人士。在 North v. Russell ［427 U. S. 328，96 S. Ct. 2709，49 L. Ed. 2d 534（1976）］案中，美国联邦最高法院裁定专门法院任命非法律专业法官是合宪的，只要在当事人的请求下，就能够得到由法律人士组成的普通法院的重新审查。专门法院正是因为具备上述"管辖事项单一""程序快捷"以及"专家型法官"等特点，提高了专业案件审理的专业性和效率，因而备受学者的青睐。针对反垄断这种专业性较强的案件，许多学者倾向于专门审模式。即使在反垄断法实施较为成熟的美国和法国，关于是否设立专门法院管辖反垄断司法审查案件也存在着热烈的讨论。在欧盟，欧盟竞争法协会（Competition Law Association）提出建立欧洲竞争法庭，代替欧洲初审法院对欧盟委员会的竞争裁决进行司法审查。① 就我国而言，由于我国不具备行政裁判所制度，是否要建立专门法院管辖反垄断司法审查案件，需要从我国现行的专门法院的设置情况以及反垄断专门法院设置的必要性等方面加以论证。

一　我国专门法院的设置现状

我国《宪法》第 124 条规定，法院体系包括军事法院等专门法院。1979 年的《人民法院组织法》第 2 条第 3 款规定："专门人民法院包括：军事法院、铁路运输法院、水上运输法院、森林法院、其他专门法院。" 1983 年修订的《法院组织法》，对专门法院的规定只列举了军事法院，未列出铁路运输法院、水上运输法院、森林法院等其他专门法院。《法院组织法》做这样的修订，一方面与宪法关于专门法院的规定保持了一致；另一方面也体现出法律的灵活性，为将来国家根据实际需要设立或废止专门法院提供了法律依据，并保证了基本法律的稳定性。

---

① 为了缓解欧洲初审法院和欧洲法院过重的案件负担，提高案件的审查效率，欧盟竞争法协会（CLA）建议把建立欧洲竞争法庭作为长期目标：欧洲竞争法庭作为专门法庭审理竞争案件，可上诉到初审法院，特殊案件经过初审法院允许可以上诉到欧洲法院，以维护法制的统一。然而机构变革是一项政治工程，需要仔细的论证和准备。因此，建立欧洲竞争法庭是一项长期目标，目前欧盟主要是着手改革初审法院，提高效率。

目前我国现存的专门法院包括军事法院、海事法院、铁路运输法院、森林法院和农垦法院等。其中只有军事法院和海事法院的设置是因为案件特殊性,要么涉及国家军事秘密,要么具有较强的专业性①,其他专门法院大多是计划经济的产物。随着社会主义市场经济的发展,政府职能的转变,特别是依法治国基本方略的确立,这种由部门或企业创办法院的体制,暴露出越来越多的问题与弊端,严重制约司法公正,妨害社会主义法制的统一和权威,因而备受批评。2008年4月,以公益诉讼闻名的郝劲松用特快专递给全国人民代表大会常务委员会寄去一封建议书,建议在全国范围内撤销铁路运输法院。郝劲松认为铁路运输法院与铁路局之间存在着相当明确的隶属关系,违反《宪法》及《人民法院组织法》有关"人民法院依照法律规定独立行使审判权,不受行政机关、团体和个人的干涉"的规定。法理学出身的张文显法官在2009年两会上,提交了一份关于尽快理顺铁路、林业、农垦等部门和企业法院管理体制的建议,呼吁中央和国家有关部门,尽快将铁路、林业、农垦等法院纳入国家司法体系,以保证人民法院依法独立、公正行使审判权,树立国家的司法权威。从世界范围看,专门法院的管辖主要基于事务管辖权,而不是以地域特点来确定,如法国的青少年法院、商事法院、农场租赁法院和社会保障法院等,美国的联邦海关法院、海关以及专利上诉法院、联邦税务法院、联邦军事上诉法院以及退役军人上诉法院等。另外,专门法院的设置符合司法公正以及司法独立原则,包括法院和法官必须独立、公正,不能审理与自己利益相关的案件等。② 因此,随着司法体制改革的不断深化,铁路运输法院、农垦法院和森林法院等这些隶属于某一行业部门的专门法院将最终会消失。当然,随着现代行政的日益专业化和复杂化,也可能会产生新的专门法院,毕竟从宪法和法院组织法的规定看,按照实际需要,增设或撤销某一专门法院完全是可行的。至于是否要设置专门法院管辖反垄断案件,

---

① 海事法院主要审理海事侵权纠纷案件,海商合同纠纷案件,海洋开发利用纠纷案件,船舶共有人之间的船舶经营、收益、分配纠纷案件,船舶所有权、占有权、抵押权或者海事优先请求权的纠纷案件,认定船舶及其他海上无主财产的案件,海运欺诈案件等,具有极高的专业性和涉外因素。
② 邹利琴:《中国专门法院的问题研究》,《公益诉讼》(第二辑),中国检察出版社,2006,第34页。

还需要具体分析。

二 设置反垄断专门法院的弊端

首先，专门法院裁决的公正性易受质疑。专门法院的法官比普通法院的法官更容易受到利益集团的影响。由于专门法院的管辖权较为单一，某一领域或类型的案件会集中在专门法院，因此特定利益集团会集中对专门法院的法官进行拉拢与游说。① 专门法院的成员在利益集团的影响下，或者由于专业的原因与特定利益集团有着天然的联系，并非总能保持普通法院法官那样的中立性，因此其裁决会受到公正性方面的批评。"司法功能的本质不是'精通'（close familiarity），而是'疏离'（detachment），是对审查行为的'无偏私'（dispassionateness）。"② 因此，对于行政机关来说具有普遍管辖权的法院是最好的监督者。

其次，专门法院管辖容易使法律陷于狭隘。1951年美国法官 Rifkind 曾经指出，长期由专门法院审查适用的法律会逐渐与外界隔离，形成自己的专有语言和独特的思维方式，所遵守的内部政策与普通法遵循的政策相异甚至相左。专门审会强化法律的孤立感，与新思想、建议、调整与妥协绝缘，从而不利于法律焕发新的活力。③

再次，专门法院制度本身缺乏一致性（coherency）。司法系统应该具有统一性，各个专门法院会割裂司法系统的统一。

复外，专门法院使得司法系统日益复杂化。然而随着现代经济社会复杂化，法院要审理的案件也呈现专业化和复杂化的趋势，如环境案件等，而反垄断案件绝非最专业、最复杂的案件，按照设立专门法院管辖复杂案件的思路，将会出现更多的专门法院，层出不穷的专门法院将会造成法院系统庞大复杂。

---

① Central European and Eurasian Law Initiative, *Specialized Courts: A Concept Paper*, 1996, p. 15.
② Rifkind S, "A Special Court for Patent Litigation? The Danger of a Specialized Judiciary", (1951) *Ameircan Bar Association Journal*, pp. 425–426.
③ Rifkind S, ibid. pp. 425–426.

最后，设置专门法院成本较高。与在普通法院设置专门法庭相比，构造独立的专门法院的成本太高。我国司法资源本身就有限，花巨大的人力、物力、财力来建立反垄断法院是不现实的。

三 反垄断专门法院的替代机制

倡导建立专门法院的理由主要是缘于法律的复杂性和专业性。的确，随着社会事务的日趋复杂，专业性法律大量出现，对于法官的专业背景提出了更高的要求，而不是仅仅具备纯粹的法律技能。另外，考虑到法官得到必要的培训所产生的财政影响，专业司法更能提高效率。美国波斯纳（Posner）也认为，由专业上诉法院对行政裁决进行监督比普通上诉法院更理想，因为专业法院的法官更多地关注管辖的事务，也因此对争议事项更敏感、反应更快。然而，反垄断案件本身虽然比较复杂，但是绝对不是最复杂、最专业的案件，并且，即使是审查专业性较强的案件也并不一定必须设置专门法院，普通法院的法官通过专业培训也能够胜任专业案件的审查，另外，在普通法院内设置专门法庭同样可以实现专门审。

（一）普通法院的法官有能力审查专业性案件

诚然，随着社会分工不断细化，社会事务专业化趋势日益突出，法官面对愈来愈多专业性问题，如果缺乏了解相关问题的手段和途径，几乎难以作出正确的判断。然而，并不能据此认为设立专门法院是应对专业案件审判的唯一方案，专业案件的审判可以通过以下途径解决。

（1）法官通过专业培训或聘请专家提升审判专业性。首先可以让审理反垄断案件的法官提前参加经济学相关专业的培训。美国联邦司法中心（the Federal Judicial Center）、美国律师协会反垄断法部与司法行政部（American Bar Association's Sections on Antitrust Law and Judicial Administration）以及其他法院服务组织都会组织法官参加培训课。其次，法院可以聘任经济学家组成专家咨询委员会。美国联邦法院除了任命专家证人，还会指定专家作为技术顾问辅助法院解读复杂数据或术语。法院同样会指定专家调查问题和准备报告。

（2）改造庭审制度，增强审判的专业性。以美国的对抗制的庭审模式为例，抗辩双方通常会通过专家提交经济专业方面的证据，并且专家要经过交叉辩论，因此可以保证案件审理的专业性。美国联邦法院适用的自由证据开示规则会将一个适当的结论所基于的事实予以充分展现。大多数竞争法问题是特定的事实，事实了解得越充分，越能得出一个较为准确的结论。

（3）司法审查更多涉及程序性问题，而普通法院的法官是程序问题的专家。许多国家，法院仅在上诉审层次卷入竞争案件，即审查行政裁决通常不需要考虑属于严格意义上的事实问题。与竞争执法机构相比，法院可能审理相对较少的竞争案件，它们在所审理的案件中的作用也仅限于行政行为上诉审查的传统功能。因此上诉法院所要处理的许多关键问题是程序性的，如被上诉人是否正确告知上诉人有哪些行为错误？被上诉人是否有权查看上诉人持有的敏感的商业信息？被上诉人在作出竞争决定时是否保护了上诉人不得自证其罪的权利？普通法院非常适合保护这些关键的程序权利，因为法官几乎每天都面对存在于不同情形下的这些问题。

司法相对较为活跃的国家的经验表明，普通法院法官能够进行上诉审，如同审理其他涉及复杂的商业或科学问题的案件一样。例如，美国联邦法官审理几乎所有的案件：联邦环境法、税法、宪法正当程序以及刑法等，如果单单认为反垄断案件超出法官审判能力，则属于主观臆断。并且从经验看，反垄断绝非法院碰到的唯一的，或者最为复杂的领域。①

（二）普通法院反垄断专门法庭

首先，普通法院内设专门法庭同样可以实现专门审。如第二章所述，实行非专门法院管辖的国家通常会在其普通法院或行政法院内设置专门法庭管辖反垄断司法审查案件，如日本东京高等法院专门审查反垄断案件的

---

① 美国联邦第七巡回上诉法院法官 Diane P. Wood 在经合组织（OECD）1996 年 10 月举行的竞争法的司法实施研讨会上的报告，Judicial Enforcement of Competition Law, OCDE/GD (97) 200.

法官合议庭、德国联邦法院的卡特尔法庭、巴黎上诉法院的第一审判庭、布鲁塞尔上诉法院的第18审判庭，以及土耳其国政院（Council of State）的第13庭等。这些法院通过设置专门法庭同样可以达到专业审理的效果。

其次，普通法院内设专门法庭有助于节约司法资源。一个国家的司法体系通常由宪法和法院组织法加以规定，专门法院的设置牵涉整个司法体系的重构，因此除了历史形成的原因之外，国家很少会重新设置专门法院，而选择在普通法院内设置专门法庭相对来说成本要低得多。因此，针对专业性较强的案件，没有必要建立单独的专门法院，在普通法院内设置专业法庭是较为现实的选择。

另外，设立专门法庭，符合国际主流做法。以德国为例，地区法院（the district courts）的内部结构由法律规定：根据基本法第93节（sec. 93 et seq. GVG）规定，地区法院必须成立一个或几个商业法庭，在某些联邦地区法院设立处理反垄断事务的专门审判庭以及专利争议法庭。大多数较大的地区法院均设置专门法庭，负责媒体纠纷，医疗事故，建筑纠纷，追究律师、公证员和会计的职业责任，知识产权纠纷和信息技术纠纷。[①]

目前，我国反垄断案件的审理采取民事与行政分开审理的办法，分别由负责知识产权案件审判业务的审判庭和行政庭审理。为正确适用反垄断法，审理好与反垄断法相关的案件，最高人民法院发出通知，要求各级人民法院依法履行好审判职责，切实审理好各类反垄断案件。负责知识产权案件审判业务的审判庭，要切实审理好涉及滥用知识产权的反垄断民事案件以及其他各类反垄断民事案件。反垄断行政案件与其他行政案件一样由人民法院行政庭管辖。当然，也有的地方尝试在人民法院内部设置反垄断法庭对反垄断案件进行集中管辖，如上海市第二中级人民法院反垄断合议庭。

综上所述，我国反垄断司法审查没有必要采取专门审模式。与其成立更多的专门法院，不如在现存的法院内部设立专门法庭，由经过专业训练的法官担任，并邀请相关领域的专家参加。设置专门法庭并不会改变法院

---

① Prof. Dr., Burkhard Hess' Report on 5 December 2003 at Strasbourg, CEPEJ（2003）18（D3）. Burkhard Hess是德国海德堡大学的法学教授。

系统的结构，避免司法进一步复杂化，又能保证司法职业化和专业性。因此，我国应当在现有的司法体系中审判反垄断案件，但可以效仿世界上大多数国家，在有管辖权的法院当中设立专门的反垄断法庭，庭内设有3名或以上资深法官，另设立咨询委员会。①

第四节 选择普通法院上诉审管辖模式

由于我国的司法体制中不存在独立的行政法院，也无专门法院的传统，并且无论是基于理论分析还是现实考虑，在可预见的将来也不太可能会设置反垄断专门法院或行政法院，因此我国反垄断行政案件的司法审查管辖还是应该延续现行的由普通法院管辖的做法。由于反垄断案件的特殊性，反垄断司法审查的级别管辖应该区别于普通行政案件管辖，应该由较高级别的法院，如以高级人民法院管辖为原则，实行普通法院上诉审管辖模式。但是，正如本书第二章总结的那样，普通法院上诉审管辖模式是建立在反垄断行政执法具有高度的独立性、专业性和程序性的基础上的。就目前而言，我国《反垄断法》出台不久，反垄断执法还处于摸索阶段，另外，我国还未建构一套科学的上诉审查机制，因此我国反垄断司法审查管辖要选择普通法院上诉审管辖模式还存在一定的障碍。要克服这些障碍，一方面，需要不断探索和完善反垄断执法体制，另一方面，要以构建科学合理的上诉审查机制为目标，变革和完善现行的上诉审查体制。

一 存在的障碍及其克服

（一）反垄断执法体制

1. 反垄断执法体制与司法审查审级的关系

从本书第二章的论述得知，美国、加拿大、法国、德国、比利时，以

---

① 蒋岩波：《美国的反垄断司法及其对我国的几点启示》，杨紫烜主编《经济法研究》（第6卷），北京大学出版社，2008，第206、207页。

及日本、韩国之所以选择普通法院上诉审模式管辖反垄断行政案件,是因为这些国家的反垄断执法体制具有独立性、专业性及程序性较强等特点。首先,这些国家通常会成立具有高度独立性的专门反垄断执法机构,如美国的联邦贸易委员会、英国的公平交易局和竞争委员会、德国的联邦卡特尔局以及日本和韩国的公平交易委员会等。这些机构大多独立于行政系统,多为准司法性质的独立管制机构。对于较强独立性的行政机关所作出的裁决,多数国家会在专门法律中规定"越级审查",例如,在美国,对一般联邦行政机关的裁决由联邦地区法院进行一审,由联邦上诉法院进行上诉审;而对独立管制委员会的裁决则不需经联邦地区法院,直接由联邦上诉法院进行上诉审。其次,反垄断执法机构在进行反垄断调查并作出裁决时适用准司法程序,如行政法官制度、调查与裁决分离制度以及听证制度等。准司法性质的反垄断裁决程序会提升司法审查的审级,由更高一级的法院(例如上诉法院)做出审查。① 无论是裁决机关的独立性还是裁决程序的司法性,均要求由上诉法院对反垄断裁决进行司法审查,这是因为,具有独立地位并适用准司法程序的反垄断执法机构,其地位相当于初审法院,因此应该直接由上诉法院或高等法院对之进行司法审查。另外,由专家组成的反垄断执法机构作出的反垄断裁决具有高度专业性,因此也不需要一审法院就实体问题予以辨别与认定,而应该由上诉法院从程序上进行审查。

2. 我国反垄断执法体制成为上诉审的障碍

与域外实行普通法院上诉审管辖模式的国家相比,我国现行的反垄断执法体制成为我国采取普通法院上诉审管辖模式的障碍。第一,未设置专门反垄断执法机构。我国并不存在类似美国联邦贸易委员会和日本公平交易委员会那样的独立管制委员会,我国的反垄断执法机构是综合性的行政机关,实行高度集权的一人首长负责制。第二,正式的反垄断行政裁决程序缺失。一方面,我国《反垄断法》未对反垄断裁决程序予以规定,目前,有关反垄断裁决程序还处于摸索阶段;另一方面,我国又没有统一的

---

① 杨会永:《行政裁决与我国行政法的改革》,中国社会科学院研究生院 2008 年博士论文,第 148 页。

行政程序法作为依据，反垄断行政程序只能依靠裁决主体自身出台的规则。第三，反垄断裁决的专业权威无法得到保证。反垄断执法人员专业素质参差不齐。在有着反垄断职能的三大部委中，商务部反垄断执法人员的专业素质相对较高，其反垄断局的人员大多具有经济学或法学的硕士或博士学位，并且，还会根据国外的经验陆续引进各个产业门类方面的专业人才。[①] 可以乐观地估计，专业的反垄断执法团队会随着实践经验的积累而最终形成。但是专业权威人员组成只是保证反垄断裁决专业性的一个方面，反垄断执法主体的内部机构设置及其运行机制也会影响到反垄断裁决的专业权威。由于反垄断执法机构属于综合性的政府职能部门，其在反垄断执法过程中，不仅仅考虑竞争法问题，还要考虑产业政策甚至经济安全与稳定等因素，这将会直接影响到反垄断裁决的专业性。综上，由于我国反垄断执法机构所作出的裁决不像西方委员会制度下通过合议制作出的正式裁决那样具备高度专业性与独立性（相当于"一审裁决"），因此要实行高级法院对之进行审查，并在审查时遵守"实质性证据规则"等特殊要求，还存在障碍。

3. 解决途径：提升反垄断执法的程序性和专业性

本章第一节指出，我国现行的反垄断执法体制是反垄断立法过程中与现实妥协的结果，因此在《反垄断法》实施不久的情况下要对反垄断执法体制进行大的修改也不太现实。当下比较现实的解决方案是从两个方面着手：一是通过制定严格的反垄断行政裁决程序提升反垄断裁决司法化；二是改造国务院反垄断委员会作为行政复议机构，提升反垄断裁决的专业权威。

首先，构造司法化的反垄断行政裁决程序。借鉴域外经验，制定严格的反垄断行政裁决程序，提升反垄断行政裁决的规范性。例如，按照正当程序要求，改革反垄断执法机构的内部构造，实现调查职能与决策职能的适度分离；在反垄断执法机构内部设立听证官员，引入听证程序。

---

① 商务部反垄断局局长尚明就"推进反垄断执法工作，维护市场公平竞争"的有关话题与网友进行网上交流。来源：中国政府网，http://www.gov.cn/zxft/ft155，最后访问时间：2010年2月28日。

其次，建立专业复议机构。根据《行政复议法》的规定，对国务院反垄断执法机构的反垄断决定不服申请行政复议的，复议机关是国务院反垄断执法机构本身。这种复议主体与被申请人属于同一机关的复议机制的弊端在下文"反垄断复议机关的重构"章节会有详细阐述，反垄断复议机关的重构实属必然。将国务院反垄断委员会改造成专业的复议委员会应该是最为可行的方案，不仅可以充实国务院反垄断委员会的职能，提升其自身的权威，而且也有利于反垄断法的统一适用，并通过专业人士对反垄断裁决的事实问题的重新审查提升反垄断裁决的专业化程度。经过专业反垄断复议委员会的行政审查之后，上诉法院在进行司法审查时就会集中精力审查反垄断案件中的法律问题，符合上诉审的特点。

以上两点是立足于我国现行的反垄断执法体制所作的调整，当然，要彻底扫除上诉审的障碍，还是应该整合现有的反垄断执法资源，建立专门反垄断执法机构。专门的反垄断执法机构采取独立管制委员会①的形式，从根本上保证反垄断裁决的独立性、程序性和专业性，形成司法化的反垄断执法体制，为普通法院上诉审扫清障碍。

（二）行政诉讼管辖体制

1. 存在的障碍

首先，职能分层制的缺失成为上诉审的障碍。西方国家的法院设置通常会遵循"职能分层制"原则："初审法院"或者"地区法院"，主要管辖一审案件，认定事实，适用法律；"上诉法院"或"高等法院"主要负责对初审法院的判决以及行政裁决进行法律审查；"最高法院"作为终审法院，同时也是法律审的上告法院，实现法律在全国范围内统一适用。

---

① 就世界范围看，美国的"独立管制委员会"成为其他国家和地区建立行政委员会模式的参照典范。我国台湾学者总结道："此种源自美国法制的行政委员会，其组织成员包含各方专家、利益团体代表等，其行使职权具有独立性，并具有准立法权，得广泛订定法规命令，以及准司法权，依类似公正之司法程序为行政裁决，所掌之事项通常为具有专门性、技术性者。基于其具有准司法权之特质，学者亦有谓其系从事'行政审判'之一种行政组织。"蔡进良：《行政程序中之正当法律程序——宪法规范论》，台湾政治大学法律学研究所2003年博士论文，第203～204页。

我国现行的法院审级制度是四级二审制度，即，我国设置最高人民法院、高级人民法院、中级人民法院和基层人民法院四个级别，并实行两审终审制度。这种四级二审制源于 1954 年《人民法院组织法》的规定，是在参照苏联法的基础上定制的审级制度。总体而言，我国《法院组织法》和《民事诉讼法》所规定的司法管辖体制也未体现出职能分层制的特点：在级别管辖上，每一级法院都可以受理一审案件，即使高级法院和最高法院也不例外①；在功能设置上，自中级法院开始，每一级法院都可以作为终审法院，且从初审到终审不区分事实审和法律审。② 针对这种行政性审级制度，有民事诉讼法学者提出，要借鉴西方现代法治国家的基本原理和技术规范，重构真正意义上的司法等级制（judicial hierarchy）。③

其次，行政诉讼级别管辖未体现出司法审查的特点。与发挥单纯的司法权之裁判职能的民事诉讼和刑事诉讼不同，行政诉讼是法院应当事人的请求对行政主体的行政行为进行审查，其实质是一种"抗告诉讼"或"复审诉讼"。④ 行政诉讼作为权力制约机制的一种，涉及司法权与行政权之间的协调。作为行政诉讼审查对象的具体行政行为，是由与法院同为法的适用机关的行政机关作出的。行政机关作出具体行政行为的活动本身就是一种将法的一般规范适用于特定行政相对人或事的活动，因此法院对具

---

① 根据我国《人民法院组织法》第 32 条的规定，最高人民法院负责审理下列案件：（1）法律、法令规定由它管辖和它认为应当由自己审理的第一审案件；（2）对高级人民法院、专门人民法院判决和裁定的上诉案件和抗诉案件；（3）最高人民检察院按照审判监督程序提起的抗诉案件。此外，还规定最高人民法院有权提审地方各级人民法院确有错误的判决、裁定。上述立法规定表明，我国的最高法院既是初审法院，也是上诉审法院。左卫民、汪三毛：《最高法院比较研究——以中、日最高法院的功能为视角》，《社会科学研究》2003 年第 6 期。
② 傅郁林：《转型中的中国民事诉讼制度》，《清华法治论衡》第 6 辑，第 76 页。
③ 傅郁林：《审计制度的建构原理——从民事程序视角分析》，江伟主编《比较民事诉讼法国籍研讨会论文集》，中国政法大学出版社，2003，第 204 页。
④ 我国台湾学者对行政诉讼的理解："按'控告诉讼'之原意，系将其诉讼对象之行政处分，认为具有类似法院裁判之性质，故对之如有不服而于诉讼（主要以撤销诉讼方式）上主张时，该诉讼即具类似抗告之作用，故称为'控告诉讼'……抗告诉讼之审理方式，即与上诉审类似，直接审查所争执'行政处分本身之适法性'，而非审查'因该行政处分所生法律关系'者，亦为自然之事。刘宗德、彭凤至：《行政诉讼制度》，载翁岳生主编《行政法》下册，中国法制出版社，2002，第 1321 - 1322 页。

体行政行为合法性审查，也就是对行政机关适用法的过程的审查，它所审查的事实是行政机关作出具体行政行为时已经认定的事实，它所审查的法律是行政机关作出具体行政行为时的法律依据，因此行政诉讼中法院适用法的活动带有"二次适用"的性质。英美法中将司法审查称为司法复审，并看作上诉审，亦是该道理。行政诉讼与行政裁决之间的诉讼法律关系，实质上与"上诉法院"审查"审判法院"的裁决类似。因此，行政诉讼的审级应该高于民事诉讼审级，应该从中级人民法院管辖第一审行政诉讼开始。

《行政诉讼法》在级别管辖的规定上简单模仿《民事诉讼法》的规定，未考虑到行政诉讼在司法构造上不同于民事诉讼的特点。我国《行政诉讼法》规定的级别管辖是以基层法院管辖为原则，各级别的人民法院均有一审管辖权。虽然，在行政诉讼法的实施过程中，级别管辖过低暴露出越来越多的弊端，受到学者和司法实践者的关注，决策者也于2008年出台了《最高人民法院关于行政诉讼案件管辖若干问题的规定》，提升行政诉讼管辖级别，扩大中级人民法院的一审管辖权。然而，这种提升级别的做法并非是基于对行政诉讼作为"复审诉讼"具有特殊司法构造的认识，而是源于基层法院审理较高级别的被告的行政案件时无法摆脱法外干预的担心。将提高审级增强案件的公正审理作为现行行政诉讼管辖改革的初衷和目的，并未抓住现行行政诉讼管辖体制的病症所在。司法不独立是制约所有诉讼制度健康发展的共同问题，而非行政诉讼所独有。行政诉讼应该提升审级，真正的原因在于管辖行政案件的法院不需要像民事初审法院那样初次认定事实和首次适用法律，而是对行政机关认定事实的程序是否合法、适用的法律是否正确进行审查，因此是一种"上诉审查"。

2. 解决途径：行政诉讼级别管辖制度的重构

学者在评论民事诉讼管辖制度时认为，"当一部法律在实践中不断地、普遍地受到挑战和突破时，一种习惯的思路是要求司法实践削足适履以期'守法'，而健康的思路应当是改良鞋子本身——如果鞋子从理念到结构都已无法改良，那就只好扔掉旧鞋重做新鞋。"[①] 这种思路同样适合

---

① 傅郁林：《转型中的中国民事诉讼制度》，《清华法治论衡》第6辑，第72页。

行政诉讼管辖制度的改良与重构。首先按照职能分层制的要求,将我国四级人民法院分为三个层次:基层人民法院作为初审法院受理普通案件;中级人民法院和高级人民法院作为上诉法院或高等法院,受理基层法院或行政裁决机构的上诉;最高法院作为最高司法机关承担法律统一适用的职能,并作为部分案件的上诉法院。其次,按照行政诉讼案件自身的逻辑,取消基层人民法院的行政诉讼管辖权,以中级人民法院管辖为原则,特殊案件直接由高级人民法院管辖。

二 整体设计

(一) 高级人民法院管辖

将高级人民法院作为反垄断行政审判的第一审管辖法院基于两方面的理由:

第一,高级人民法院作为反垄断司法审查的一审管辖法院是与反垄断裁决的特点相适应的。首先,反垄断裁决机关通常是国务院部委或接受授权的省级执法机构,级别较高。其次,反垄断案件通常是比较大的事务,基本上都是属于中央事权。再次,反垄断案件通常具有较高的专业性、技术性和政策性的特点。并且,随着反垄断执法体制的不断完善,反垄断裁决最终会由反垄断执法机构适用正式的裁决程序作出,并经过反垄断专业复议委员会的复议而具有高度专业性,因此,对之审查的法院相应需要具有较高级别。域外实行普通上诉法院管辖的国家也往往选择由高等法院作为反垄断司法审查的第一审管辖法院,并可以上诉到最高法院。

第二,高级人民法院作为反垄断司法审查的一审管辖法院,这样的制度安排可以上诉到最高法院,从而保证反垄断司法的统一性。最高法院处于金字塔形法院体系的最高层,享有最高的权威,其判决效力可以辐射全国,从而保障了在全国范围内实现维护法律的统一解释与适用的目的。[①]

[①] 曹国英:《从上诉的目的看我国审级制度的改造和重构》,《理论导刊》2006年第6期。

但是，如果按照我国目前司法管辖区的划分以及"二审终审制"，到达最高法院的案件极其稀少。以反垄断司法审查为例，按照正常的诉讼流程，当事人对国务院组成部门的决定不服的，应向北京市中级人民法院提出一审请求；对一审不服的，由北京市高级人民法院做出终审判决。显然，这种诉讼审级的安排使得当事人很难通过正常诉讼程序向最高人民法院提起上诉。

另外，我国特殊的行政案件由高级人民法院直接管辖在实务界已有先例。根据有关司法解释，第一审反倾销行政案件与反补贴行政案件由被告所在地高级人民法院指定的中级人民法院或被告所在地高级人民法院管辖。①

综上，考虑到反垄断行政案件的专业性、技术性和法律性的特殊要求以及最高法院承担着维护法制统一的重任，结合反倾销和反补贴等类似行政案件的做法，第一审反垄断行政案件应由被告所在地高级人民法院管辖。②

（二）专门法庭集中管辖

在普通法院内成立专门法庭管辖反垄断行政案件不仅符合大多数国家的做法（本书第二章有所列举），在我国也存在实践上的尝试。

1. 上海二中院的试点

人民法院受理反垄断案件，一是依据《反垄断法》第53条，对反垄断行政执法机关所作的决定进行司法审查；二是依据《反垄断法》第50条，审理反垄断民事诉讼案件，即"经营者实施垄断行为，给他人造成损失的，依法承担民事责任"。通常情况下，反垄断民事案件是由知识产权审判庭受理，反垄断行政案件是由行政审判庭受理。为了保证执法统一，提高审判效率，上海二中院成立专项合议庭对反垄断案件进行集中审理，即采用"二合一"模式，集中审理反垄断民事案件与反垄断行政案件。最高法院知识产权庭负责人孔祥俊对之给予了高度评价，认为"上

---

① 《最高人民法院关于审理反倾销行政案件应用法律若干问题的规定》第5条；《最高人民法院关于审理反补贴行政案件应用法律若干问题的规定》第5条。
② 杨临萍：《〈反垄断法〉司法审查的若干问题探讨》，《东方法学》2008年第3期。中国社会科学院研究生院杨会永博士在其博士论文中也提出类似的观点。

海市二中院成立反垄断案件专项合议庭,对于更加有效地实施《反垄断法》,是个很好的探索,是在审判机制上作了一个非常有创意、非常有突破性的举措"。① 反垄断法专家王晓晔研究员也认为,人民法院实行反垄断案件专项审判意义深远。②

2. 知识产权的试点

为了逐步提高知识产权案件审判效率、实现知识产权审判标准的统一,2009年7月1日,最高院出台《关于专利、商标等授权确权类知识产权行政案件审理分工的规定》,明确规定"专利、商标、集成电路布图设计和植物新品种案件4种授权确权类知识产权行政案件,自7月1日起将统一由知识产权审判庭审理。"③ 知识产权案件之所以采取"三审合一"模式主要是基于知识产权案件自身的特点。首先,知识产权案件属于专业性较强的复杂案件,不仅民事审判中需要知识产权法庭的专业型法官对侵权行为进行认定,在刑事案件和行政案件中,同样涉及知识产权的认定与保护,因此统一由知识产权法庭进行审判,有助于提升知识产权刑事审判与行政审判的专业性。其次,知识产权案件往往存在刑事案件与民事案件、行政案件与民事案件交叉的情形,统一由知识产权法庭受理和审判,有助于统一适用法律,降低不同审判结果之间的冲突,提高案件审结的效率。知识产权案件与反垄断案件有着一定程度的相似性,都属于专业性较强的案件,反垄断行政案件与反垄断赔偿诉讼案件有时会交叉在一起,因此,知识产权"三审合一"模式将会给反垄断专项审判积累一定的经验。

---

① 《我院率先成立反垄断案件专项合议庭》,见上海二中院网站2008年12月25日发布的新闻,http://www.shezfy.com/ljfy/gzdt_view.aspx?id=8824,最后访问时间:2009年11月28日。

② 王晓晔:《人民法院实行反垄断案件专项审判意义深远》,来源:中国法学网,http://www.iolaw.org.cn/showArticle.asp?id=2393,最后访问时间:2010年2月15日。

③ 2008年6月5日,国务院出台《国家知识产权战略纲要》,要求法院"研究设置统一受理知识产权民事、行政和刑事案件的专门知识产权法庭""探索建立知识产权上诉法院"。2009年3月23日,最高院出台《最高人民法院关于贯彻实施国家知识产权战略若干问题的意见》,提出要"积极探索符合知识产权特点的审判组织模式,研究设置统一受理知识产权民事、行政和刑事案件的专门知识产权审判庭"。

第四章
几种特殊情况下
反垄断司法审查的管辖

本书第三章在分析我国反垄断执法体制与司法审查管辖体制的基础上，否定了在我国引入专门审模式与行政法院模式的必要性和现实性，指出我国反垄断司法审查管辖应该采取普通法院上诉审管辖模式，并提出由高级人民法院成立专门的反垄断法庭对反垄断案件进行集中审理的整体框架。然而，由于我国反垄断执法工作刚刚起步，许多问题悬而未决，如中央与地方反垄断执法权的分配、反垄断行政复议机关的重构以及监管行业反垄断执法权的配置等，这些问题都将导致司法审查管辖法院确定上的困难。上述三个问题，尤其是监管行业中竞争机构与行业监管机构之间的关系，也是全球范围内竞争法学研究的重点与难点。

第一节 地方反垄断行政案件的管辖

一 域外反垄断纵向分权

反垄断纵向分权是指反垄断立法权与执法权在纵向上的分配，对于联邦制国家来说是指联邦和州之间的分权，对于单一制国家而言指的是中央与地方的权限划分。下面分别选择联邦制与单一制较为典型的国家，考察其反垄断立法权与执法权是如何在联邦与州、中央与地方之间分配的。

(一) 联邦制

1. 美国

美国反托拉斯立法存在联邦和州双重立法。美国国会依据联邦宪法关于授予联邦管理州际贸易和对外贸易权力的条款进行反托拉斯立法,如谢尔曼法、克莱顿法以及联邦贸易委员会法等,对于维护美国市场的自由竞争发挥主要作用。由于国会立法无法延伸到纯粹州内商业,因此许多州制定了与谢尔曼法相对应的反托拉斯法,用以禁止本州内商业的反竞争行为,从而保护当地经济。美国1984年出台的《地方政府反托拉斯法》,在美国反垄断法发展史上通常占有一席之地。[①]

由于存在联邦和州反托拉斯立法,因此美国反托拉斯法的实施有三种形式。首先,在联邦层面,由美国司法部的反托拉斯局和联邦贸易委员会负责实施反托拉斯法,如提起民事诉讼或者由司法部单独提起刑事诉讼以及由联邦贸易委员会作出反托拉斯决定等。其次,州检察总长(state attorneys general)有权通过提起诉讼执行州和联邦的反托拉斯法。第三,可以在州法院和联邦法院针对违反州和联邦反托拉斯法的行为提起私人民事诉讼。综上,美国反托拉斯执法在纵向上形成双重执法体制:联邦层面的反托拉斯执法机构有司法部、联邦贸易委员会和联邦法院,执行联邦反托拉斯法;州层面的反托拉斯执法机构是州检察总长和州法院,前者既执行联邦反托拉斯法又执行州反托拉斯法,而后者仅限于执行州反托拉斯法。因此,就联邦反托拉斯法而言,除了州检察总长之外,执法机构大多集中在联邦层面。为了便于调查和起诉,联邦反托拉斯执法机构会在地方设置地区分支机构。例如,联邦贸易委员会(FTC)为了便于对反托拉斯案件的调查,在全国设置七个地区办公室(the Regional Offices),负责调查与诉讼、向州和地方官员就案件中的竞争事项提供咨询意见、推荐案件、向消费者和商人提供地方外展服务以及与地方、州以及地区机构的协作行动等。美国司法部(DOJ)反托拉斯局(Anti-

---

① http://dingmaozhong.bokee.com/6902916.html,最后访问时间:2010年3月10日。

trust Division）也分别在亚特兰大、芝加哥、克利夫兰、达拉斯、纽约、费城以及旧金山设置地区办公室（the Regional Offices），处理各自地区内发生的刑事案件，同时作为反垄断局与美国联邦检察官、州检察总长以及其他地区执法机构的联络处，并处理发生在本区域内的全国性和国际事务。地区办公室在反托拉斯局的刑事调查与指控中发挥主要作用。① 需要指出的是，联邦反托拉斯执法机构的地区办公室仅拥有调查权与起诉权，联邦贸易委员会的裁决权并未下放，因此联邦竞争案件的行政裁决权仍然只属于联邦贸易委员会。

2. 德国

与美国联邦和州双重反托拉斯立法体制不同，德国联邦制定反垄断法，而各州没有反垄断立法权，统一适用联邦《反对限制竞争法》。德国的竞争主管机关包括联邦卡特尔局、联邦经济与劳动部以及州法规定的有管辖权的州最高机关［2005 年修订的《反限制竞争法》第 48（1）条］。联邦卡特尔局（the Bundeskartellamt）是德国主要的竞争执法机构，只要限制竞争行为的效果超越一个州（Land）的界限，联邦卡特尔局就有管辖权，而州卡特尔机构（通常设在各州经济事务部内）对影响局限于本州内的限制竞争行为有管辖权［《反对限制竞争法》第 48（2）条］。联邦卡特尔局还是并购控制的唯一机构。当联邦卡特尔局作出限制并购时，只有在极少数特别情况下（《反对限制竞争法》第 42 条），联邦经济事务和技术部才会推翻其决定。德国反垄断法还规定了联邦卡特尔局与州最高机关在行使反垄断案件管辖权时的通知与移交（《反对限制竞争法》第 49 条）。另外，依据《反对限制竞争法》第 50 条第 1 款的规定，联邦卡特尔局和州最高机关也是《欧共体第 1/2003 号条例》第 35 条第 1 句规定的有管辖权的竞争机构，负责《欧共体条约》第 81 条和第 82 条的实施。

与德国联邦和州双重执法机构不同，德国的司法制度实行的是一元化（宪法法院除外，联邦和州都有自己的宪法法院），即同一个法院不仅负责实施联邦的法律，而且也实施各州的法律。依据德国《反

---

① http://www.justice.gov/atr/sections.htm，最后访问时间：2010 年 3 月 10 日。

对限制竞争法》的规定，对于卡特尔当局作出的反垄断决定，由卡特尔当局所在地有管辖权的州高等法院享有排他性审查权，具体而言，联邦卡特尔局裁决的审查法院是多塞尔多夫州高等法院（Dusseldorf Higher Regional Court），而州最高机关反垄断裁决的审查法院则是本州高等法院。

（二）单一制

1. 日本

为了建立一个统一、开放、秩序良好的国内竞争市场，日本的反垄断执法统一放在中央层面进行。日本负责反垄断法实施的机构是公平交易委员会（JFTC），总部在东京。日本在公平交易委员会内设置事务总局（general secretariat），负责事务管理，事务总局下设秘书处（secretariat）和局（bureaus）。为了便于执法，日本采取设置地方派出机构的形式执行地方反垄断事务的调查。公平交易委员会事务总局在需要的地方设置地方事务所（local offices），地方事务所根据需要下设分支机构（branches）。目前，日本公平交易委员会事务总局在札幌、仙台、名古屋、大阪及福冈5个城市设置地方事务所，并在高松市和广岛市设立了分支机构。地方事务所，作为地方组织机构，具体负责处理辖区内的各种限制竞争行为。根据各地区经济发展的不同，地方事务所的处室和人员配备不同。例如，设在大阪的近畿事务所是最大的地方事务所，由于近畿地区包括大阪、京都、奈良、神户等城市，在日本社会经济生活中占有重要地位，因此近畿事务所的设置也最为完备。该所设一名主任，设总务处、经济处、交易处、审查处等8个处。总务处负责宣传竞争政策和反垄断法，包括为企业举办讲座、与有关学者举行共同研究会议等，发布劝告判决，管理事务所的一般性事务。经济处负责审查企业提交的合并与营业出让报告和成立交易组织的报告等。审查处负责调查被怀疑违反反垄断法的案件，一旦违法事实被证实，审查处将给当事人停止违法行为的劝告，对影响价格的卡特尔行为施以罚款。[1] 另外，为了

---

[1] 杨洁：《日本反垄断法与日本公正交易委员会》，《中国市场》1996年第2期。

便于在偏远的冲绳县开展公平交易委员会的工作，能够及时处理发生在那里的相关事务，事务总局在"冲绳开发厅"的冲绳综合事务局内还设置了"公平交易室"。

2. 法国

法国竞争管理局是法国唯一授权执行法国竞争法规则以及欧共体竞争法规则（《欧共体条约》第81、82条）的组织。法国的经济部（the Ministry of Economy）有权对影响力局限于地方市场的反竞争行为做出行政决定，除非案件已经提供给了竞争管理局（《商法典》第L464-9条）。法国竞争管理局借助于一种机制遴选战略性案件，集中精力处理价值高的项目。这种机制是，当案件显得重大时，允许总报告员（General Rapporteur）接管由经济部的地方机构执行的调查，而当案件不影响州际贸易、不需要进行反托拉斯执法时就提供给经济部的地方机构。如果这些案件没有被竞争管理局接管，或者这些案件仅仅涉及中小规模的企业，经济部的地方机构就能够对这些案件作出行政处理。[①] 对于经济部地方机构处理的案件，由行政法院管辖。

二 我国地方反垄断执法权限

我国实行的是单一制，虽然特定地方的权力机关和行政机关有制定和出台地方法规规章的权力，但是像反垄断法这种重要的经济立法还是由中央集中制定，在全国范围内统一适用。

由于反垄断大多是比较大的事务，因此反垄断执法权基本上属于中央事权。《反垄断法》第10条规定，国务院规定的承担反垄断执法职责的机构（以下统称国务院反垄断执法机构）依照本法规定，负责反垄断执法工作。反垄断执法机构基本上集中在中央层面，比如商务部、国家工商总局和国家发改委。由于我国幅员辽阔，有些反垄断案件发生在偏远地

[①] Bruno Lasserre（President of the Autorité de la concurrence），"The New French Competition Authority: mission, priorities and strategies for the coming five years"，http://www.autoritedelaconcurrence.fr/doc/intervention_bl_autorite_trustbusters_09.pdf，最后访问时间：2010年3月10日。

区，为了调查取证的方便，需要地方机构的配合甚至地方机构执行。也有一些较小的反垄断案件，其影响仅仅局限于某一地区，属于地方性事务，因此由地方执法机构管辖较为合适。另外，向地方进行分权也是为了调动更多的人力资源，解决中央层面人员不足的问题。以工商管理部门为例，国家工商总局反垄断与反不正当竞争执法局，共有编制23人，其中与反垄断执法相关的"反垄断执法处"和"反垄断法律指导处"分别只有4人。而在《反垄断法》出台前，工商管理部门依据《反不正当竞争法》查处了很多垄断案件，全国工商系统从事公平交易的执法人员已达七万多人。① 基于上述原因，我国反垄断法并未将反垄断执法权完全由中央垄断，而是要进行地方分权。《反垄断法》第10条第2款规定，国务院反垄断执法机构根据工作需要，可以授权省、自治区、直辖市人民政府相应的机构，依照本法规定负责有关反垄断执法工作。也有学者建议模仿西方国家，如日本，通过设置派出机构的形式执行地方反垄断事务。②然而，由于我国地方政府均设置了与中央对接的职能部门，如果另外设置派出机构会使官僚机构进一步庞大。虽然实行垂直管理的派出机构能够在一定程度上摆脱地方势力的干预，但是，垂直管理也并非灵丹妙药，摆脱地方干预最为彻底的还是要依赖体制的变革。从现实来看，我国地方反垄断执法还应该依赖国务院反垄断执法机关对省级相应机关的行政授权。

行政授权是在国家职能向社会转移和行政民主化的背景下出现的。在我国，关于行政授权的概念，行政法学家莫衷一是，大致分为两类：

---

① 法制网记者廉颖婷："中国政府积极推进反垄断法实施 配套规则年内将出台"，来源http://www.caijing.com.cn/2009-04-29/110156373_1.html 最后访问时间：2010年4月10日。

② 学者指出，派出机构的设置可以根据实际情况加以确定，并非每个行政辖区、每个执法领域都需要执法机构。由于我国各地经济发展水平不一，发生垄断或限制竞争行为案件的数量或频率会有很大的不同，因此，应根据具体情况设立，只要依照反垄断法的规定，存在区域市场，存在一些具有本地市优势地位的企业，存在会产生一些反垄断法意义上的违法行为，从而需要反垄断执法机构的介入就应适当设立派出机构，不管是经济发达地区还是欠发达地区。见张瑞萍《反垄断机构设置理念分析》；杨紫烜主编《经济法研究》（第6卷），北京大学出版社，2008，第131页。

一类是将"行政授权"与"法律、法规授权的组织"联系起来,认为行政授权是指法律法规直接将某些行政职能及行政权授予行政机关之外的组织行使的法律制度;① 另一类观点则将"行政授权"与"法律法规授权的组织"区别开来,认为行政授权是指行政主体在法律法规许可的条件下,通过法定的程序和形式,将自己行政职权的全部或部分转让给有关组织,后者据此以自己的名义行使该职权,并承受该职权行为效果的法律制度。② 持第一类观点的学者多是受《行政诉讼法》的影响。《行政诉讼法》为了确定被告的主体资格,第25条第4款规定:"由法律、法规授权的组织所作的具体行政行为,该组织是被告。由行政机关委托的组织所作的具体行政行为,委托的行政机关是被告。"《行政复议条例》第28条第3款也作了相应的规定。然而,行政授权作为行政实体法中的一个重要理论,与行政诉讼法所规定的授权的内涵和外延并不相同。行政权作为法定权力,来源于法律、法规的设定。拥有法定权力的主体,有时根据工作的实际情况,需要其他未获得该项法律授权的组织行使该项行政权力,那么行政主体能否转让手中的行政权力呢?一般来说,行政主体只能行使行政权力,而不能任意处置该行政权力,比如放弃或转让,只有当法律规定允许转让的时候,或者说取得法律授权许可之后才可以将部分或全部行政权力予以转让。而行政权力的转让(或者转移)就是行政法理上讲的"行政授权"。因此,第二类观点才真正抓住了行政授权概念的主要特征,即行政权的转移。所谓行政授权,是指行政机关在经其行政职权原授予机关同意或者许可的情况下,

---

① 这一类观点内部也存在细微差别:有人认为,行政授权是指法律、法规授权非行政机关的组织行使某一行政职能、管理某一行政事务,如《教育法》授权公立学校及其他公立教育机构录取学生、处分学生的权力,以及颁发学生证书的权力,《律师法》授予了律师协会多项职能等。见薛刚凌《行政授权与行政委托之探讨》,《法学杂志》2002年第3期;罗豪才:《行政法学》,北京大学出版社,1996,第76页;叶必丰:《行政法学》,武汉大学出版社,2003,第136页。也有学者将行政授权理解为行政权的法律授予,认为行政主体的权力包括宪法、组织法授予的固有职权和宪法、组织法以外的法律法规授予的权力,如土地管理法授予土地管理部门的职权,并将后者认为是行政授权,见沈开举《也谈行政授权——兼谈与行政委托的区别》,《行政法学研究》1995年第3期。
② 胡建淼:《有关中国行政法理上的行政授权问题》,《行政法学》1994年第2期;程志明:《行政授权之探究》,《行政法学研究》1996年第2期。

根据行政管理的实际需要,自主将其自身拥有的行政职权的一部分(或全部)通过授权决定的方式授予其内设机构、派出机构或者其他行政机关、组织行使,被授权主体依法独立行使该职权并独立承担法律责任。① 需要指出的是,行政授权与行政委托不同,虽然都是行政机关为了便于行使行政权力而对其他主体作出的,但是存在以下几个方面的区别:(1)依据不同,行政授权必须有法律的明文规定,并由行政机关根据需要作出;行政委托则由行政机关根据需要自主决定;(2)对象不同,行政授权必须授权给组织,不得授权给个人,行政委托则不受此限制;(3)后果不同,经过行政授权会产生一个新的行政主体,而行政委托不会产生新的行政主体,受委托者仍要以委托者的名义执行委托事项。

通过分析行政授权的概念可以看出《反垄断法》第10条第2款的规定就是典型的反垄断行政授权,包括授权主体(国务院反垄断执法机构)、授权条件(根据工作需要)、授权对象(省、自治区、直辖市人民政府相应的机构)以及授权内容(负责有关反垄断执法工作),而本条则构成反垄断行政授权许可,即授权的法律依据。既然《反垄断法》已经明文规定了中央向地方的行政授权,那么剩下来就是国务院反垄断执法机构该如何制订方案进行行政授权。目前已有国务院反垄断执法机构授权省级相应部门进行反垄断执法的个案②,但是在制度层面如何进行反垄断授权,三家国务院反垄断执法机构都在积极做研究,③ 其中国家工商总局走得比较靠前,已出台规章对授权加以规定。

---

① 耿宝建:《行政授权理论之反思与重构——走出理论与现实困境的一种认识尝试》,《武汉理工大学学报》(社会科学版)2006年第4期。
② 北京中银律师事务所董正伟律师透露,2009年2月11日收到国家发改委价格监督检查司的通知,对KTV卡拉OK版权费和公交一卡通押金的价格垄断案件已交由北京市发改委执法。这意味着国家发改委已正式授权省级价格部门进行反垄断执法。见董正伟律师的博客,http://blog.ce.cn/html/65/83865-229977.html以及有关网站2009年2月12日新闻:http://www.cupta.net.cn/Details.aspx?ID=11165,最后访问时间:2010年2月4日。
③ 据商务部反垄断局局长尚明介绍,目前国务院反垄断执法机构正在研究授权的具体方案,有望三家执法机构会分别通过发一个文件的方式或者其他方式告诉省级相应机构获得一个什么样的授权。http://www.gov.cn/zxft/ft155/content_1168821.htm最后访问时间:2010年3月10日。

（一）国家工商总局反垄断授权

为了执行《反垄断法》，国家工商总局出台《工商行政管理机关查处垄断协议、滥用市场支配地位案件程序规定》（以下简称《工商规定》），于2009年7月1日起施行。《工商规定》第2条重审了《反垄断法》第10条规定的原则，国家工商行政管理总局统一负责垄断协议、滥用市场支配地位方面的反垄断执法工作，根据工作需要，可以授权省级工商行政管理局负责垄断协议、滥用市场支配地位方面的反垄断执法工作。《工商规定》确立了"总局统一负责"、对省级工商部门"个案授权"的制度，明确了"授权范围与方式""授权权限""授权监督"等事项。

1. 授权范围与方式

《工商规定》第3条规定了可以授权的垄断行为，即"该行政区域内发生的""跨省、自治区、直辖市发生，但主要行为地在该行政区域内的"以及"国家工商行政管理总局认为可以授权省级工商行政管理局管辖的"，并特别指出工商行政管理总局的对省级工商行政管理局的授权"以个案的形式进行"，并不得转授权。之所以采取"个案授权"的方式，是为了保证执法标准统一。

2. 授权权限

省级工商行政管理局经过授权取得以下权限：（1）材料受理权。国家工商行政管理总局和省级工商行政管理局有举报材料的受理权（第6条）。（2）立案查处权。国家工商行政管理总局对于决定立案查处的案件，可以自己立案查处，也可以授权有关省级工商行政管理局立案查处（第8条）。（3）调查裁决权。省级工商行政管理局对经授权由其立案查处的案件有调查和裁决权，可以依法作出中止调查、终止调查或者行政处罚决定。

3. 授权监督

省级工商行政管理局取得授权之后展开工作，应接受授权机关的监督与管理。《工商规定》第23条规定，取得授权的省级工商行政管理局作出中止调查、终止调查或者行政处罚决定前，"应当向国家工商行政管理总局报告",作出决定后10个工作日内报国家工商行政管理总局备案。设置"报告"与"备案"制度的目的正是为了便于授权机关的监督与管理。

《工商规定》除了对行政授权加以规定之外,还规定了行政委托的内容,如《工商规定》第9条规定,"国家工商行政管理总局对自己立案查处的案件,可以自行开展调查,也可以委托有关省级、计划单列市、副省级市工商行政管理局开展案件调查工作。"

(二)国家发展和改革委员会

国家发改委通过个案授权的方式对北京市发改委就"KTV 卡拉 OK 版权费"和"公交一卡通押金"的价格垄断案件进行正式授权,这里就该行政授权案件发表一下看法,探讨反垄断行政授权中会存在的问题。

《反垄断法》之所以将反垄断执法权主要集中在中央层面,是为了维护《反垄断法》在全国统一适用,从而在全国形成统一的竞争市场。对于那些仅限于地方的反垄断案件,国务院反垄断执法机构可以根据《反垄断法》第10条第2款的规定,授权省级相应机构进行地方反垄断执法。但是就总体而言,反垄断执法的主力军应该是国务院反垄断执法机构,省级机构只能作为补充。然而,笔者担心的是,国务院反垄断执法机构会根据授权条款逃避原本应该自己执法的案件,形成"授权依赖"。以"北京市公交一卡通押金"案件为例,收取公交卡押金问题是全国各大城市普遍存在的现象,而不仅仅北京所独有。当事人投诉的虽然只是北京公交公司,然而投诉只是一个线索,国家发改委应该根据投诉注意到这一问题的普遍性。对于全国范围内存在的涉嫌价格垄断的现象,作为权威的反价格垄断的执法机构,应该自己进行反垄断调查或者在人力不足的情况下通过授权组织省级发改委执法,而不应该仅限于举报人的举报范围,将该案件直接授权给北京市发改委,毕竟北京市发改委作出的决定仅对北京行政区域有效,而不像国家发改委作出的决定那样具有全国普遍适用性。国务院反垄断执法机构只有通过积极主动执行《反垄断法》,才能不断彰显其执法力度并逐步树立权威,随意授权只会架空《反垄断法》第10条第1款赋予的权力，同时也是对第2款授权精神的误读。

(三) 商务部

与垄断协议和滥用市场支配地位的案件相比，并购案件有着自身特殊性。按照《反垄断法》和《国务院关于经营者集中申报标准的规定》，只有达到一定规模标准的企业进行并购才需要向商务部申报接受反垄断审查，所以并购案件通常是较大的案件，会对全国市场，甚至域外市场产生影响。正是基于这个原因，并购案件应该由商务部作出决定。当然，基于调查需要，商务部可以依据《反垄断法》的授权条款，将部分反垄断执法权（比如调查权）授权给省级商务部门对本省范围的市场影响进行调查。另外，商务部也可以授权或委托省级商务部门监督其作出的禁止集中的决定的执行。因此，商务部所做的行政授权只能是个案授权，并且在授权权限上应该有严格限制，保留并购决定权。

三 管辖法院的确定

所谓地方反垄断执法，是指省级有关机关接受行政授权（不论是一次性授权还是一般性授权），对影响局限于地方市场的竞争案件以自己的名义调查或作出决定。如果地方有关机关只是接受国务院反垄断执法机构的委托，以委托机关的名义对竞争案件进行调查，那么该案件仍然属于国务院反垄断执法机构的反垄断案件，不属于地方反垄断案件。对于地方反垄断执法机构作出的决定，要确定司法审查管辖法院，应该根据行政授权的具体情况，如果地方机构取得案件的全部授权，能够进行调查并作出决定，那么，司法审查的管辖法院就应该是取得授权的地方机关所在的省、自治区、直辖市高级人民法院。如果地方机构仅仅取得部分行政授权，例如仅仅执行反垄断调查权，由于最终决定仍由国务院反垄断执法机构作出，因此，司法审查管辖法院仍然为北京市高级人民法院。

第二节 反垄断行政复议案件的管辖

一 反垄断行政复议

行政复议制度在设置之初,被定位为"既经济又便利、既彻底又快捷"的纠纷解决方式,然而,居高不下的维持率使得这种"减轻法院负担、方便人民群众"的纠纷解决机制"蜕变为法治的某种装饰品"。① 作为行政监督与救济机制,行政复议制度未能充分发挥作用,主要原因在于,行政复议制度构造中一味强调行政系统内部解决机制的效率,而忽视了作为纠纷解决机制所必要的正义。人类历史的经验反复表明:纠纷解决的公正性与纠纷解决机构自身的独立性和权威性休戚相关。很难想象一个依附于其他机关、唯命是从的主事者能够公正地解决纠纷。可以说,我国当下行政复议公正性差、效率低下的直接原因就在于现行极不合理的行政复议体制,具体表现为行政复议机构独立性、专业性的欠缺。② 为此学者提出要对我国行政复议制度进行司法化改造,其中一个重要方面就是进行职能分离,即将政府的行政管理职能与争议解决职能进行分离,实现争议解决职能的专门化与权威化。③ 当然,行政复议司法化并非要模糊行政复议与行政诉讼这两种不同性质的纠纷解决机制之间的界限,而是要从主体与程序上对之进行制度化改造,实现效率与正义。④ 目前要在我国建立统

---

① 章志远:《行政复议困境的解决之道》,《中共长春市委党校学报》2008 年 2 月第 1 期。
② 章志远:《行政复议困境的解决之道》,《中共长春市委党校学报》2008 年 2 月第 1 期。
③ 周汉华:《行政复议制度司法化改革及其作用》,《国家行政学院学报》2005 年第 2 期。
④ 周汉华教授从三个方面对行政复议制度司法化的含义进行了概括:行政复议组织具有相对独立性;行政复议程序具有公开性与公正性;行政复议结果具有准司法效力。另外强调,行政复议制度的司法化,绝不是照搬司法程序,否则将会丧失其固有的效率优势。周汉华:《行政复议制度司法化改革及其作用》,《国家行政学院学报》2005 年第 2 期。

一的行政复议委员会还不现实，根据已有的经验，在某些行业或领域建立专门复议委员会不失为可行的路径。例如，我国已经存在的商标评审委员会和专利复审委员会便是专业复议机关，实现了商标领域和专利领域行政复议的专门化。我国台湾地区的《诉愿法》第52条也规定："各机关办理诉愿事件，应设诉愿审议委员会，组成人员以具有法制专长者为原则。诉愿审议委员会委员，由本机关高级职员及遴聘社会公正人士、学者、专家担任之；其中社会公正人士、学者、专家人数不得少于二分之一。"另外，在日本，也存在专门行政复议机关，如国税不服审判所、社会保险审查委员会、人事院等。

依据《行政复议法》以及《反垄断法》第53条的规定，对反垄断执法机构作出的决定不服的，可以提出行政复议，其中对于商务部依据《反垄断法》第28条、第29条作出的禁止经营者集中的决定和附加条件下的不予禁止经营者集中的决定，在提出行政诉讼之前必须先提出行政复议，即复议前置。① 这里需要指出的是，复议前置仅限于商务部作出的那两类决定，对于商务部作出的允许经营者集中的决定、终止审查的决定以及不作为不服的，有关当事人可以申请行政复议也可以申请行政诉讼。目前我国已经出现反垄断行政复议案例。2008年8月1日，在《反垄断法》正式实施当日，董正伟律师便向商务部、国家工商总局、国家发改委提交了《请求保护公民财产权益的建议申请书》，其中的一项申请是请求商务部履行反垄断执法职责，依法对正在进行的电信重组开展经营者集中审查。商务部在8月21日作出的处理意见中未对电信重组经营者集中审查的问题做出明确答复。董律师针对商务部不履行电信重组反垄断执法职责

---

① 《反垄断法》之所以对经营者集中案件设置了复议前置程序，主要是考虑到并购案件的专业性。在反垄断执法过程中，垄断协议和滥用市场主导地位直接给其他经营者造成的损害容易辨明，法院对此类案件容易做出准确的判断。相比之下，经营者集中案件更为专业，涉及较为复杂的因素。一方面集中会产生规模经济，提高生产力和竞争力，因此能够给消费者提供更便宜、质量更好的商品。另一方面，集中会强化市场支配地位，抑制竞争，最终损害消费者的利益。因此，决定是否允许经营者集中必须根据反垄断法第27条列举的因素对市场竞争加以判断，然后，根据第28、29条作出是否禁止集中（或者附条件集中）的决定。根据国外经验，这一过程非常复杂，需要经济分析。因此，《反垄断法》明确对之实行复议前置规则。杨临萍：《〈反垄断法〉司法审查的若干问题探讨》，《东方法学》2008年第3期。

单独提出了行政复议申请（这里不属于复议前置情形——笔者注），商务部受理并进入审理程序。

根据《行政复议法》第14条的规定，对国务院反垄断执法机构作出的反垄断决定不服提出行政复议的，复议机关仍是国务院反垄断执法机构。行政机关既是处分机关又是复议机关的这种制度安排是违背"自然正义"原则的，不仅很难充分发挥行政复议制度的权力监督职能，而且也无法保障行政复议作为纠纷解决机制的公正性。由与作出原决定的官员同属一个机关的人进行行政复议，非但不能得到一个正义与客观的结果，相反，很容易成为申请人寻求有效救济障碍，造成拖延和成本叠加，并且，受不良行政文化的俘获，行政机关极少愿意改变原来的决定。[1] 另外对于分散的行政裁决机构作出的裁决进行行政监督时，仍各自为政，不利于反垄断执法在行政系统内的统一。虽然，根据《行政复议法》第14条的规定，对行政复议决定不服的，还可以向同一个机关——国务院——申请终局裁决，但是，国务院作为最高行政机关，是否有精力组织专业人员裁决反垄断这种专业性较强的案件值得怀疑，并且，国务院裁决具有不可诉性，亦不符合司法最终的法治原则。[2] 显然，根据现行的行政复议体制，由国务院反垄断执法机构作为复议机关复议自身作出的决定无法令人信服，也不利于反垄断法执法权在行政系统内的统一，因此需要对反垄断复议机关进行重构，通过建立一个统一的、专业的复议委员会实现反垄断领域复议的专业化。

二 反垄断复议机关的重构

重构反垄断复议机关的目的就是要建构一个统一的、专业的反垄断复审委员会。根据现有的反垄断执法体制，要在三家国务院反垄断执法机构

---

[1] Administrative Review Council – Better Decisions: Review of Commonwealth Merits Review Tribunals – Report, No. 39, September 1995, paras. 6.49&6.50. 转引自李洪雷《英国行政复议制度初论》，《环球法律评论》2004年春季号。

[2] 《世界人权宣言》第8条规定："任何人当宪法或法律所赋予他的基本权利遭受侵害时，有权由合格的国家法庭对这种侵害行为作有效的补救。"

之上建立一个统一的反垄断复审委员会,最直接的途径就是赋予国务院反垄断委员会行政监督职能,在反垄断委员会内部设立一个机构专门负责对国务院反垄断执法机构的决定的复议。[①] 国务院根据《反垄断法》的有关规定设立了反垄断委员会负责组织、协调、指导反垄断工作,其目的就是为了保证反垄断执法的统一性、公正性和权威性,赋予国务院反垄断委员会行政监督职能将会更有利于这一目的的实现。

1. 有利于增强反垄断委员会的权威

国务院成立反垄断委员会的目的,是为了协调和指导反垄断执法机构的工作。然而,如果仅仅作为一个协调议事机构或者咨询机构,那么反垄断委员会在整个反垄断法实施过程中的影响力将会大打折扣。赋予反垄断委员会行政监督的职能,使反垄断委员会"虚实结合",通过对反垄断执法机构的决定进行行政审查,形成对反垄断执法的影响力,并且在切实参与反垄断执法的过程中,逐步树立反垄断委员会的权威。

2. 有利于反垄断法的统一执行

早在《反垄断法》的起草过程中,一些学者就建议成立一个独立的反垄断执法机构进行统一执法。虽然,法律最终确立了分散执法的体制,但是反垄断委员会的成立还是让学者们看到统一执法的希望。将反垄断委员会整合成为专业行政复议机构,通过对原始行政裁决的复审,实现行政监督层面上的统一执法。

3. 有利于法院专注于法律问题的审查

由专业的反垄断委员会进行行政复议之后,可以提升反垄断执法的专业性,有利于法院在司法审查中专注于法律问题的审查,与普通法院上诉审模式相匹配。国务院反垄断委员会由反垄断领域的专家学者组成,在对反垄断执法机构的决定进行监督时,可以对反垄断案件中的事实问题进行审查并作出专业判断。另外由反垄断委员会进行行政复议,对上诉到法院的案件起到过滤和分流作用,从而减轻法院的诉累负担。

[①] 参见杨会永《行政裁决与我国行政法的改革》,中国社会科学院研究生院 2008 年博士论文,第 133 页。

三 管辖法院的确定

要确定经过复议的反垄断行政案件的管辖法院，首先要讨论反垄断行政复议前置问题。按照《反垄断法》第53条的规定，有两类案件属于复议前置案件，即对反垄断执法机构作出的禁止经营者集中的决定和附加条件的不予禁止经营者集中的决定，当事人不服的，在提起行政诉讼之前必须先行申请行政复议。那么在对反垄断复议机构进行重构之后，该如何设置复议前置的问题？一般来说，复议前置是为了穷尽行政救济，充分发挥行政机构的专业特长，但是限制了当事人的选择自由。域外的经验表明，要求当事人在寻求司法救济之前，必须寻求行政系统内救济的做法越来越少，尤其是当行政裁决机制日趋完善的情况下，行政内部复审成为行政裁决程序的一部分，对于行政裁决委员会按照严格的行政裁决程序作出的决定，一般可以直接上诉到司法机关进行司法审查。但是，就我国而言，在反垄断行政裁决程序缺位和反垄断行政裁决委员会机制尚未建立的情况下，为了保障反垄断行政裁决的专业性，有必要设置复议前置程序，在上诉到法院进行司法审查之前，先由国务院反垄断委员会作为行政复议机关进行实质审查。另外，在我国，对于专业性较强的行政案件设置行政复议前置程序也是有先例的。根据我国《商标法》和《专利法》的规定，对于商标和专利行政决定不服的要先申请商标评审委员会和专利复审委员会复审，对于复审决定不服的再向法院提起行政诉讼。因此，为了充分发挥反垄断复审委员会的专业审查的优势，不妨修订《反垄断法》有关行政复议的规定，将向国务院反垄断委员会申请行政复议作为反垄断司法审查的前置程序。

经过复议，如果反垄断复审委员会维持了原始的反垄断裁决，那么根据《行政复议法》和《行政诉讼法》的规定，当事人只能针对原始行政裁决提起行政诉讼，管辖法院的确定与复议机构无关。如果反垄断复审委员会改变了原始的反垄断裁决，那么被告就是反垄断复审委员会，当事人可以到反垄断复审委员会所在地也可以到原始裁决机构所在地的高级人民法院提起司法审查。

第三节　监管行业反垄断司法审查的管辖

一　反垄断与行业监管

（一）政府管制的两种手段

按照市场经济的运作规律，市场通过无形之手可以达到资源的更优化配置和更高的经济福利。然而内生于市场而自身无法解决的垄断、外部性和信息不对称等，会引发市场在资源配置中的非效率（如信息不对称导致证券市场上的欺诈），出现所谓的"市场失灵"。当出现市场失灵时，就需要政府通过对经济活动的管制来纠正，即依据一定的规则，对市场主体的经济活动进行干预和限制。

按照日本学者植草益的观点，政府管制的手段分为两种：直接管制与间接管制。行业监管是政府通过设立独立监管机构对特定行业进行直接的技术与经济监管，而反垄断则是作为间接监管手段，不直接介入市场主体的决策，仅对阻碍市场机制发挥职能的行为进行限制。行业监管通常存在于公路、铁路、港口、航空、电力、通信等所谓的自然垄断行业中。这些与基础设施和公用事业相关的行业存在投资量大、投资回收期长以及需要协调的关系多等特点，因此为避免私人资本控制而导致社会资源的浪费或者市场秩序的混乱，许多国家都设立了独立监管机构对这些行业进行控制。的确，在这些所谓的自然垄断行业，与放任手段（a laissez－faire approach）相比，政府的经济监管将会为更多的消费者提供福利。与特定行业的监管不同，反垄断则是针对所有经济领域的活动，政府通过设立竞争执法机构在全国统一执行竞争法。

近年来，由于许多国家的行业监管不同程度上出现了"过度管制"（over－regulation），导致成本增加与经济效率降低，并且随着经济发展，一些曾经被认为是自然垄断而加以监管的行业也逐步被认为适合市场竞争，因此，许多国家开始了以"放松管制"（de－regulation）为内容的管制改革，即在大多数管制行业中解除监管，代之以竞争和最大程度的市场规则。据美国司法部国际贸易反垄断局的特别顾问 Stuart M. Chemtob 介绍，美国"放松管制"的努力为消费者和经济提供了巨大利益。一项研究预计，美国三大行业（航空、公路和铁路）的放松管制每年为美国的 GDP 增加了大约 1/2。① 长期以来，管制改革在越来越多的经济体中扮演重要角色。尽管不同的国家和工业存在显著差别，但是大多数国家（尤其是发展中国家）的规制改革主要包括：前国有企业的私有化、市场自由化、普遍服务义务的重新界定、在经济中引入竞争等。在完全解除管制的行业，反垄断法无疑要充分发挥作用，在部分解除管制的行业，竞争与监管并存，因此，在监管行业如何处理竞争法与行业管制之间的关系显得非常重要。

（二）竞争机构与监管机构的关系

除非极少数情况下②，监管行业仍要适用竞争法，那么在监管行业中竞争法究竟应该由哪个机构实施是各国反垄断执法中不可回避的问题。近年来，该问题已经成为国际论坛讨论和争论的焦点，但始终未出现统一的

---

① Economic Report of the President (Feb. 2002) at p. 63, available at http：//www.gpoaccess.gov/usbudget/fy03/pdf/2002_ erp.pdf. 转引自司法部国际贸易反垄断局的特别顾问 Stuart M. Chemtob 在 2007 年 5 月 11～12 日中国社科院法学所举办的第五届竞争政策与法律国际研讨会上作的报告"竞争机构在监管行业的作用（The Role of Competition Agencies in Regulated Sectors）"。

② 在极少数情况下，美国国会明确规定，特定管制行业的企业的部分或全部行为完全免于适用竞争法，仅仅受制于监管机构的监督。例如《州际商业法》（the Interstate Commerce Act）不受反托拉斯法调整，任何铁路运营商的并购由监管机构决定，即地面交通局（the Surface Transportation Board）作为铁路部门的监管机构负责审查铁路运营商的并购案件。鉴于被美国法院比作"经济自由的大宪章"（comprehensive charter of economic liberty）的反垄断法在经济和整个社会中发挥的作用，这种竞争法被其他监管制度代替的情况非常少见。对于大多数监管行业而言，反垄断执法机构有权对行业内的违反竞争的行为调查并采取措施。为了保护那些为执行国会的监管制度而必要的行为免受反垄断调查，美国法院适用"默认豁免"（implied immunity）原则，但仅适用于存在"竞争法与监管制度明显冲突"的情况。在某些管制行业，美国国会明确竞争法应充分适用于受管制企业的行为，而法院不得为这些行为适用默认豁免。例如《1996 年电信法》明确电信运营商必须遵守《谢尔曼法》和《电信法》的要求。国会在《电信法》中加入一个特别条款，明确电信法不得"修改、破坏或替代任何反垄断法的适用"，见 47 U.S.C. § 152 note。

解决办法。在竞争机构和监管机构之间建立正确的关系，对于大多数国家来说仍是一种挑战。由于不同的法律制度采用不同的模式，有时甚至同一个国家的不同行业，监管机构与竞争机构的关系也不尽相同。另外，许多国家随着经济发展而不断调整竞争与监管的关系，因此要说明竞争机构（CAs）与行业监管机构（SRAs）在私有化与自由化过程中的关系并不容易。本书试图根据已有资料，对各国处理竞争机构与监管机构的关系的做法进行梳理，为我国正确配置监管行业中竞争执法权提供有益的经验。

1. 竞争机构垄断竞争执法权

竞争机构垄断竞争执法权是指竞争机构统一执行竞争法，排除监管机构对竞争事务的管辖。这种模式通常包括两种情况：一种是不单独设立独立的行业监管机构，而把行业监管放在反垄断执法机构之内；另一种则是存在独立的监管机构，但只是从市场准入和安全生产的角度进行监管，被监管市场上竞争案件的管辖权则统一交给了反垄断执法机构。

第一种情况以欧盟最为典型。在欧盟委员会内，竞争总局除了负责执行《欧共体条约》第81条和第82条、企业合并控制以及国家援助政策外，还负责在电信、能源、银行、保险、传媒等行业的监管任务。[①] 与欧盟相似的，还有澳大利亚和新西兰。在澳大利亚，行业监管任务属于澳大利亚竞争与消费者委员会，委员会下设"监管事务局"，监管电力、天然气、运输和电信等行业的竞争问题。新西兰的商业委员会作为独立的准司法机构，除了执行竞争法，还执行新西兰1998年颁布的《电力改革法》、2001年颁布的《电信法》和2001年颁布的《奶制品业重组法》，承担着对电力、电信和奶制品业的监管。[②] 荷兰从2005年7月1日起，也将过去独立的能源监管局并入了荷兰竞争局，由此竞争局成为负责执行荷兰《1998年电力法》和《2000年天然气法》的机构。此外，运输监管的部分职能也归属于竞争局，使之有权监管铁路以及城市地铁、公共汽车等公

[①] 监管能源市场的任务属于B-1局，监管邮政市场竞争的任务属于C-1局，监管银行和保险业的任务则属于D-1局。参见王晓晔《论反垄断执法机构与行业监管机构的关系》，《中国经济时报》2006年8月14日。

[②] 参见王晓晔《论反垄断执法机构与行业监管机构的关系》，《中国经济时报》2006年8月14日。

共交通运输部门的竞争问题。

  法国、日本等许多国家尽管设立了独立监管机构进行行业监管，然而，监管行业内的竞争事务却由竞争机构统一管辖。法国的行业监管机构，如电子通信与邮政监管局（ARCEP）、广播监管机构（CSA）和能源管制委员会（CRE）对特定行业享有非排他性的管辖权，但不直接执行《商法典》中的竞争条款。当然行业监管机构在执行行业规则时也会审查竞争事务，而竞争管理局在特定行业内执行国内竞争法和欧共体竞争法时也会处理监管事项。为了避免执法冲突，行业监管机构与过去的竞争审议委员会进行亲密合作，特别是发布咨询意见，有理由相信新的竞争管理局与行业监管机构之间也会延续这种合作关系。[1]德国电信和邮政市场上的企业并购以及卡特尔案件属于联邦卡特尔局的专属管辖权，但是联邦卡特尔局在行使反垄断执法权时有向监管机构提出咨询的义务，例如当联邦卡特尔局进入电信或能源行业的并购调查的第二阶段（Phase Ⅱ）[《反对限制竞争法》第 40（2）条]，必须分别根据《电信法》（TKG）第 123（1）条第 3 句，或者《能源与天然气供应法》（EnWG）第 58（2）条的规定向联邦网络局提出咨询。希腊除了电信和邮政服务市场之外的所有市场，都属于希腊竞争委员会的管辖范围。[2]西班牙的监管机构，如国家能源委员会（CNE）和电信市场委员会（CMT）以及证券委员会（CNMV），无权执行竞争法，对于可能违反竞争规则的案件必须提交给竞争管理机构。当然，行业监管机构也会应竞争机构的请求针对涉及监管行业的企业并购签发不具有约束力的报告。[3]芬兰通信管理局（FICORA）享有部分管辖权，对于涉及竞争法的案件不享有任何管辖权。[4]

---

[1] Nicolas Petit, Law Faculty – IEJE (Liege), Elise Provost, Sorbonne University (Paris), University of Liege (ULg), Antitrust encyclopedia: France, January 2009.

[2] George Karydis, University of Economics and Business (Athens), Antitrust encyclopedia: Greece, January 2009.

[3] Carlos Pascual Pons, Spanish National Competition Authority (Madrid), Teresa Rodríguez de las Heras Ballell, Universidad Carlos III de Madrid (Madrid), Antitrust encyclopedia: Spain, February 2009.

[4] Kim Talus, University of Law – Institute of International Economic Law (Helsinki), Antitrust encyclopedia: Finland, February 2009.

2. 监管机构垄断管辖权

监管机构垄断管辖权是指监管机构对监管行业享有排他性管辖权，包括竞争执法权。有些国家把行业监管任务整个授权给一个独立的机构，由这个机构处理被监管行业包括竞争在内的所有问题。这种授权一定程度上削弱了反垄断执法机构的权限，但一般不会彻底剥夺这个机构对这些行业的管辖权。如德国负责电信和邮政监管的机构（RegTP）有权处理电信和邮政市场上的滥用市场优势地位的行为，但在界定相关市场以及认定企业的市场地位方面，这个机构则得征求联邦卡特尔局的意见。[1] 希腊的国家电信和邮政委员会（EETT）在处理电信和邮政领域的反垄断事务时，可以向竞争委员会咨询。

3. 平行管辖权（或共享管辖权）

竞争机构与监管机构享有平行管辖权（concurrent jurisdication），是指竞争机构与监管机构就监管行业内的竞争事务均拥有管辖权，两个机构可以独立调查或限制垄断行为。许多国家采取了这种模式。美国的大多数管制行业，如电信、电力，竞争机构与监管机构对限制竞争行为拥有平行管辖权。以电信业为例，电信业是存在共同管辖权并且运行良好的行业之一。联邦通信委员会（FCC）依法对可能导致企业合并的电信执照和授权的转移进行审查。联邦通信委员会审查交易是否服务于"公共利益、便利或需要"。[2] 联邦通信委员会也有权依照《克莱顿法》第7条审查电信并购。意大利在能源、通信、保险等行业，其竞争管理机关与意大利能源机构（Autorità dell'energia elettrica e il gas）、通信机构（AGCOM）以及保险机构（ISVAP）等行业监管机构拥有反垄断事务的平行管辖权。但是根据有关法律（Law No. 262/2005），意大利竞争机构（ICA）对银行业领域的反垄断事务具有排他性的管辖权。英国也采取平行管辖权模式。《1998年竞争法》赋予公平交易局（OFT）和行业监管机构共同执行限制竞争协

---

[1] 参见王晓晔《论反垄断执法机构与行业监管机构的关系》，《中国经济时报》2006年8月14日。

[2] Sections 214（a）and 310（d）of the Communications Act of 1934, 47 U.S.C. §214(a), §310(d).

议和滥用市场支配地位的条款的权力。① 这些行业监管机构包括天然气和电力市场办公室（Ofgem）、水资源管理局（Ofwat）、通信管理局（Ofcom）、铁路管理局（ORR）、空中交通服务管理局（CAA）以及北爱尔兰天然气与电力管理局（Ofreg）。② 它们在处理本行业反竞争协议或滥用市场支配地位等相关行为时，拥有公平交易局执行竞争法所享有的所有权力，③ 但是，只有公平交易局有发布惩罚指南和制定、修改程序规则的权力。当然，英国的共享管辖权也有例外，并购事项专属于竞争机构。

享有平行管辖权的竞争机构和监管机构在处理竞争事务时应该通力合作。一方面，因为电信、电力等行业存在某些技术问题，反垄断执法机构处理竞争案件时应征求监管机构的意见；另一方面，监管机构处理竞争案件时，因为会涉及很多竞争法专业问题，如市场的界定或市场支配地位的认定，它们也应征求反垄断执法机构的意见。

由于平行管辖权的存在，得到一个机构的许可并不必然意味着另外一个部门对同一行为就不再调查，因此在两个部门缺乏密切配合与合作的情况下，其调查结果可能会相互冲突。各国为避免产生冲突作了许多努力。例如，美国联邦通信委员会在评估并购产生的竞争效果时，会尽量使用司法部所适用的相同的标准。④另外为了降低分歧，竞争机构和监管机构会进行非正式的密切配合，比如接触、会议、交换信息、官员交流，建立联合工作小组等。英国为了协调平行管辖权的运行，2000年出台《竞争法（共管）条例》[the Competition Act (Concurrency) Regulation 2000] 规定

---

① 英国共享管辖权背后的理念：利用行业监管机构在特殊行业内的大量的专业知识。行业监管机构取得执行竞争法的权力始于2000年3月，然而，直到2006年11月才出现第一例由行业监管机构作出的违反竞争的决定，即铁路管理局（ORR）作出的英格兰、威尔士和苏格兰铁路有限公司（EWS）违反1998年竞争法第2章（滥用主导地位）和欧盟竞争法相应的条款欧共体条约第82条。
② 这里不包括邮政服务管理局（Postcomm），其不享有执行竞争法的管辖权。
③ 以负责执行《2003年英国通信法》的通信管理局（Ofcom）为例，其作为电信行业的竞争执法机构享有的职能包括：执行《1998年竞争法》第1章、第2章规定的反竞争协议和滥用市场支配地位的规则以及《欧共体条约》第81、82条，根据《2002年企业法》进行市场调查并向竞争委员会提出咨询。
④ 见《司法部和联邦贸易委员会1992年横向并购指南》(Department of Justice and Federal Trade Commission 1992 Horizontal Merger Guidelines)，1997年修订，http://www.usdoj.gov/atr/public/guidelines/hmg.htm. 最后访问时间：2010年2月4日。

了相应的程序，以决定由哪个机构执行特定的案件。英国公平交易局同意就行业监管机构的运作每年出一份年度报告。致力于协调公平交易局与行业监管机构行动的共同工作团体（CWP），也同意采取大量的实际步骤鼓励公平贸易局和各行业监管机构之间更为密切合作。

通过考察有关国家竞争机构与监管机构的关系类型，我们可以发现并不存在一种最优模式或方法。一个国家选择什么样的政策确定行业监管机构与竞争机构的范围和相互关系，不仅仅依赖于最优模式的竞争政策和监管以及这些机构的能力，还受制于法律和行政体制的限制，有时甚至是受官僚文化和本国传统的影响。

二 我国监管行业反垄断执法权的归属

我国在电信、电力、邮政、铁路、石油、民航、银行、保险等过去被视为自然垄断或者国家垄断的行业设立了行业主管机关或者监管机构，如信息产业部、电监会、银监会、保监会等。这些监管机构除了对监管行业的市场准入和安全生产等事项进行监管之外，还面临着如何维护监管行业内的竞争秩序的问题。我国《反垄断法》第2条规定《反垄断法》适用于中华人民共和国境内经济活动中的垄断行为，我国境内的经济活动自然包括监管行业内的经济活动。《反垄断法》第7条第1款规定，"国有经济占控制地位的关系国民经济命脉和国家安全的行业以及依法实行专营专卖的行业，国家对其经营者的合法经营活动予以保护，并对经营者的经营行为及其商品和服务的价格依法实施监管和调控，维护消费者利益，促进技术进步。"然而，由谁来确定这些行业的经营者的行为是合法的，"对经营者的经营行为及其商品和服务的价格依法实施监督和调控"的主体又是谁，《反垄断法》没有予以明确。因此如何配置监管行业中的反垄断事务管辖权，正确处理监管机构与竞争机构的关系，需要在执法实践中进一步研究。下面主要就前面所列举的几种关系模式进行分析，并结合我国监管行业以及反垄断执法的实际，确定我国竞争机构与监管机构在监管行业反垄断事务上的关系。

（一）共享管辖权不适合我国行业监管

本章第二节介绍了平行管辖权模式，也看到了平行管辖权模式在一些国家，比如英国，取得了成功，然而，对于其他国家，尤其是发展中国家来说，是否就是值得推广的经验呢？考虑到平行管辖权的自身缺陷和我国行业监管的现实水平，平行管辖权模式对于我国而言并非处理监管机构和竞争机构之间关系的最优选择。

首先，平行管辖权会导致资源浪费。当反垄断机关和监管机构分别评估某一特定的行为及其对竞争产生的可能影响时，尽管可以通过机构间的协调避免重复，但对分开决定的需求将会不可避免地要求两个机构花费大量的时间、人力和物力调查和评估同一行为的竞争效果，从而造成资源的浪费。其次，平行管辖权增加了受调查企业的负担。行使平行管辖权的两个机构都需要向从事可能危害竞争的行为的企业以及其他市场参与者搜集必要的信息，以展开各自的竞争效果分析。因为竞争机构和监管机构通常不会采取相同的调查方法，接受调查询问的企业不得不花费大量的成本应对各个机构的要求。另外，两种平行审查会给商业界带来不确定性。容易造成冲突的法律后果是平行管辖权自身无法克服的缺陷。两个机构所进行的审查会导致作出不同的，某些情况下甚至是相反的决定，这就使得企业很难预测哪些行为会被认定产生竞争问题。当然，为避免冲突，域外实行平行管辖权的国家均做了一系列努力，包括非正式的协作机制，如沟通、交换信息、开会磋商等，还包括正式协调机制，如有权参加另一部门的程序、正式呈交意见报告、上诉到共同的机构、自我克制、不得干预另一机构权限等。就我国目前的监管水平而言，[①] 要求两个机构设计出完善的协调平行管辖权的运作机制还不太现实。并且，对于我国这样一个发展中国家来说，特权阶级（vested interest）和监管俘获（regulatory capture）都会侵蚀到用于决定由哪个机构最适合处理相应案件的原则。最后，受"庸政""惰政"等官僚文化的影响，平行管辖权在我国很容易形成"谁都有

[①] 与西方市场经济国家相比，我国在从国家集权转向市场机制的过程出现的产业监管有着不同的初始化路径和逻辑起点，行业监管机构在独立运行、专业化、透明度、权力受制约等方面与现代行业规制改革的要求还有很大的距离。

管辖权，谁都不行使管辖权"的消极冲突局面，直接损害到《反垄断法》在监管行业的实施。因此，先天性缺陷再加上后天水土不服，平行管辖权不适合处理我国监管行业内的反垄断执法权的分配问题。

（二）竞争机构比监管部门更适合管辖监管行业内的反垄断事务

通过对平行管辖权模式的分析可知，让一个机构负责审查监管行业的竞争行为可能更为合理。比较竞争机构与监管机构，由竞争机构执行监管行业的竞争事务更合适，因为通常情况下，竞争机构在分析竞争影响时具有更有利的地位，并且也更有利于竞争法在不同的领域得到统一执行。

1. 竞争机构在分析竞争影响时占有优势

首先，竞争机构在决定相关产品和地域市场以及分析商业行为的竞争影响时会拥有多行业的广泛经验。竞争机构能对特定活动的竞争效果采取前后一致的、独立的监管，对于哪种类型的行为更容易引发竞争问题以及在评估这些行为时应该问哪些问题，都会基于健康的经济分析，并拥有广泛的经验。反垄断机构还拥有较好的调查工具搜集必要的信息以便做出决定。相比之下，行业监管机构在开展竞争分析时不具有反垄断执法机构那样的经验。其次，行业监管机构容易被所监管的企业俘获，即所谓的"监管俘获"。企业主管与监管机构官员在日常交往中会形成利益共同体，会影响到对竞争危害的评估或采取救济措施保护有利于整个经济的竞争。如果监管部门雇佣拥有企业工作经验的人员，这种利益共同体会得到更进一步加强。另外，让监管机构负责保护竞争的不利因素还在于监管机构在处理企业行为时会存在偏向企业的偏见，因为他们的世界观会受到他们工作经历的影响。在处理竞争问题采取补救措施时，监管机构更乐意批准有利于增加市场力量的并购，然后通过行为补救限制其决定的后果，行为补救主要通过日常价格和其他管制，而不愿意通过有效的结构补救措施阻止市场力量的增加。

2. 有利于竞争法的统一实施

首先，从理论上讲，由于"反垄断法在性质上属于市场经济的基本的、具有普遍意义的法律规则，不同于仅由有关具体的部门或行业实施的特殊性、专门性的法律规则，它应统一实施于各个行业和部门"①。其次，吸取《反不正当竞争法》实施的教训，《反不正当竞争法》在执法过程中出现不断被有关行业监管机构所分解的情况。另外，日本与中国台湾地区公平交易委员会对某些特定行业的垄断行为进行调查和处理时的做法为我们提供了很好的经验。因此，学者建议，对有关行业的垄断行为不应由行业监管机构直接认定和处理，而应由反垄断执法机构统一进行认定和处理，只是在认定这些行为时应适当考虑行业监管部门的意见。②

综合上述原因，我国应该考虑给予反垄断执法机构单独的管辖权，对监管行业的反垄断行为进行评估并采取措施。当然，这并不意味着行业监管机构在评估并购和其他行为时不发挥任何作用。监管机构应与竞争机构密切合作，随时配合反垄断机构对本行业内的竞争行为的调查。行业监管部门对其领域内企业结构和日常行为方面的知识丰富，能够在反垄断调查中为反垄断执法机构提供信息，使反垄断机构的调查和竞争影响的确定在质量和效率方面得到很大提升。③

三 管辖法院的确定

对于行业监管机构作出的竞争事务的决定，管辖法院如何确定，不同的国家有不同的做法。有些国家规定，行业监管机构与竞争机构有共同的上诉法院，如英国和土耳其。英国行业监管机构和竞争机构的决定都可以上诉到英国竞争上诉法庭。土耳其国政院第13庭不仅处理竞争管理局的决定还要处理行业监管机构的决定。④ 澳大利亚竞争法庭有权受理行业监管机构的上诉，例如，2009年10月澳大利亚竞争法庭对United Energy

---

① 王先林：《WTO竞争政策与中国反垄断立法》，北京大学出版社，2005，第238页。
② 王先林：《WTO竞争政策与中国反垄断立法》，北京大学出版社，2005，第238页。
③ 该部分内容主要参考了美国司法部国际贸易反垄断局的特别顾问Stuart M. Chemtob在2007年5月11~12日中国社科院法学所举办的第五届竞争政策与法律国际研讨会上作的报告"竞争机构在监管行业的作用"（The Role of Competition Agencies in Regulated Sectors）。
④ Dr. Gamze Oz, "The Role of Competition Authorities and Sectoral Regulators: Regional experiences", Submitted to UNCTAD's Seventh Session of the Intergovernmental Group of Experts on Competition Law and Policy, Geneva, 30 October to 2 November 2006.

Distribution 和 Jemena Electricity Networks 就澳大利亚能源监管机构的决定提起的上诉作出判决。而有的国家对于行业监管机构的决定则有与竞争机构不同的上诉机构。例如，比利时《经济竞争保护法》第 79 条规定，对于行业监管机构依照本法作出的决定提起上诉的，上诉机关是比利时竞争审议委员会，对比利时竞争审议委员会的上诉决定不服的，可以直接上诉到最高法院（the Court of Cassation）。

在我国，如果反垄断事务由国务院竞争执法机构或者其授权的省级执法机构统一执行，行业监管机构不涉及竞争事务的管辖，那么将不涉及管辖法院重新确定的问题。如果在《反垄断法》的实施过程中，某些行业监管机构取得反垄断执法的管辖权，那么管辖法院将会根据被告做相应的调整。

结　语

管辖是司法审查制度中的一个比较重要的问题，其设置的科学与否直接关系到当事人诉权的保护程度以及司法权对行政权的制衡效果。反垄断行政案件作为专业性和政策性较强的案件，其管辖法院的确定不同于一般行政案件，各国通常会在反垄断立法中予以明确规定。根据域外反垄断司法审查管辖法院的类型不同，将反垄断司法审查管辖分为三种模式，即普通法院上诉审模式、行政法院模式和专门法院模式。各国反垄断司法审查管辖模式的确定通常与其反垄断执法体制和司法管辖制度相适应。一般情况下，有着行政法院和行政裁判所传统的国家通常会分别选择行政法院和专门法院管辖模式，而反垄断执法机构独立、反垄断裁决程序严格的国家，通常会选择普通上诉法院对反垄断行政决定进行审查。我国反垄断司法审查管辖模式的确定同样需要考虑这两方面的因素。由于我国司法审查管辖体制中不存在行政法院，并且也不存在建构行政法院的现实性，因此我国反垄断司法审查不宜采取行政法院模式。鉴于我国不具有行政裁判所制度传统，现有的专门法院许多是计划经济的产物而面临着存废危机，加上成立专门法院有着诸多弊端，因此我国不应该贸然建立反垄断专门法院，可以考虑在普通法院内设立反垄断专门法庭以实现专门审的目的。与行政法院和专门法院相比，普通上诉法院更适合我国反垄断行政案件的管辖，然而，也存在两方面的障碍：首先，我国反垄断执法体制与上诉审的要求存在距离；其次我国司法管辖体制不存在职能分层制。只有改革司法审查管辖机制并不断完善反垄断执法体制，克服上述障碍，才能最终确立普通法院上诉审管辖模式，即由高级人民法院成立反垄断专门法庭对反垄断决定进行审查。

改革和完善反垄断执法体制，必然涉及行政裁决程序的完备、国务院反垄断委员会复议职能的扩充、中央与地方反垄断分权以及监管机构与反垄断执法机构之间的权力配置，这些都将对行政体制改革产生深刻影响，并有助于推动行政程序法制进程。行政诉讼管辖体制的改革，作为行政诉讼制度改革的一个环节，需要与行政诉讼审查强度等方面的改革协同进行，并且借助于法院职能分层制的建立将会进一步推动司法改革进程。

参考文献

陈玮、马云云、范佳:《我省七成行政村有贫困人口》,《齐鲁晚报》2016年7月7日,第A06版。

德州市统计局、国家统计局德州调查队编《德州统计年鉴2017》,德州市统计局官网,2017年7月。

《第一书记扶贫读本》编写组:《第一书记扶贫读本》,山东教育出版社,2016。

《2016年山东省国民经济和社会发展统计公报》,山东省统计局官网,2017年2月28日。

国家行政学院编写组:《中国精准脱贫攻坚十讲》,人民出版社,2016。

国家统计局住户调查办公室:《中国农村贫困监测报告2017》,中国统计出版社,2017。

李春光主编《国际减贫理论与前沿问题2011》,中国农业出版社,2011。

刘小珉:《贫困的复杂图景与反贫困的多元路径》,社会科学文献出版社,2017。

《省政府新闻办举行新闻发布会介绍全省脱贫攻坚工作情况》,山东省扶贫开发领导小组办公室官网,2018年2月9日。

史健利主编《夏津年鉴2016》，中国文史出版社，2016。

王曙光：《中国的贫困与反贫困》，《农村经济》2011年第3期。

吴海涛、丁士军：《贫困动态性：理论与实证》，武汉大学出版社，2013。

《山东：农村低保标准全部达到国家扶贫线》，国务院扶贫开发领导小组办公室官网，2017年2月20日。

夏津县地方史志办公室编《夏津县志（1986-2009）》，方志出版社，2011。

夏津县地方史志编纂委员会编《夏津县农村简志》，中国文史出版社，2013。

徐小言：《农村健康保障链构建研究——基于"贫困-疾病"陷阱的视角》，中国农业大学博士论文，2017。

袁铭健：《精准扶贫下的"第一书记"制度及其扶贫困境——以"双轨"合作为视角》，《四川行政学院学报》2018年第4期。

张蕴萍：《中国农村贫困形成机理的内外因素探析》，《山东社会科学》2011年第8期。

《中共中央 国务院关于打赢脱贫攻坚战的决定》，中华人民共和国中央政府网，2015年11月29日。

中共中央党史和文献研究院编《习近平扶贫论述摘编》，中央文献出版社，2018。

2005年6月版。

11. 尚明主编《主要国家（地区）反垄断法律汇编》，法律出版社，2004年4月版。

12. 刘宁元主编《中外反垄断法实施体制研究》，北京大学出版社，2005年11月版。

13. 许光耀：《欧共体竞争法经典判例研究》，武汉大学出版社，2008年4月版。

14. 邓德雄：《欧盟反倾销的法律与实践》，社会科学文献出版社，2004年10月版。

15. 王名扬：《美国行政法》（下册），中国法制出版社，2005年5月第2版。

16. 周汉华：《现实主义法律运动与中国法制改革》，山东人民出版社，2002年3月版。

17. 周汉华主编《行政复议司法化——理论实践与改革》，北京大学出版社，2005。

18. 张明杰主编《改革司法——中国司法改革的回顾与前瞻》，社会科学文献出版社，2005年9月版。

19. 江必新：《WTO与司法审查》，人民法院出版社，2002年6月版。

20. 马怀德主编《司法改革与行政诉讼制度的完善》，中国政法大学出版社，2004年7月第1版。

21. 薛刚凌主编《外国及港澳台行政诉讼制度》，北京大学出版社，2006年6月版。

22. 徐梅：《日本的规制改革》，中国经济出版社，2003年4月版。

23. 朱淑娣主编《欧盟经济行政法通论》，东方出版中心，2000年11月版。

24. 于安：《降低政府规制：经济全球化时代的行政法》，法律出版社，2003年8月版。

25. 王先林：《WTO竞争政策与中国反垄断立法》，北京大学出版社，2005。

主要参考文献

一 中文

(一) 著作

1. 〔德〕乌茨·施利斯基：《经济公法》，喻文光译，法律出版社，2006年6月版。
2. 〔德〕罗尔夫·施托贝尔：《经济宪法与经济行政法》，谢立斌译，商务印书馆，2008。
3. 理查德·A. 波斯纳：《反托拉斯法》（第二版），孙秋宁译，中国政法大学出版社，2003年1月版。
4. 〔美〕伯吉斯（Burgess Jr. G. H.）：《管制和反垄断经济学》，冯金华译，上海财经大学出版社，2003年3月版。
5. 王晓晔：《欧共体竞争法》，中国法制出版社，2001年5月版。
6. 王晓晔、〔日〕伊从宽主编《竞争法与经济发展》，社会科学文献出版社，2003年9月版。
7. 黄勇、董灵：《反垄断法经典判例解析》，人民法院出版社，2002。
8. 王文杰主编《反垄断法的立法与实践经验》，清华大学出版社，2004年6月版。
9. 朱家贤：《反垄断立法与政府管制》，知识产权出版社，2007年6月版。
10. 尚明主编《反垄断——主要国家与国际组织反垄断法律与实践》，

（二）论文

1. 张忠君：《经济法与政府经济管理的法治化》，何勤华主编《20世纪外国经济法的前沿》，法律出版社，2002年9月版。
2. 刘守刚、刘雪梅：《经济立法自由化的新自由主义经济学背景》，何勤华主编《20世纪外国经济法的前沿》，法律出版社，2002年9月版。
3. 〔日〕来生新：《政府与竞争秩序——日本反垄断法50年发展轨迹》，齐虹丽、曲阳译，何勤华主编《20世纪外国经济法的前沿》，法律出版社，2002年9月版。
4. 李艳华：《美国联邦法院与反托拉斯法》，何勤华主编《20世纪外国经济法的前沿》，法律出版社，2002年9月版。
5. 何勤华、任超：《德国竞争法之百年演变——兼谈对中国竞争法之借鉴意义》，何勤华主编《20世纪外国经济法的前沿》，法律出版社，2002年9月版。
6. 周汉华：《中国反垄断执法模式思考：谁来执法》，《经济观察报》2005年3月15日。
7. 周汉华：《行政复议制度司法化改革及其作用》，《国家行政学院学报》2005年第2期。
8. 张俊文：《反垄断法的国际协调》，杨紫烜主编《经济法研究》（第3卷），北京大学出版社，2003年9月版。
9. 王晓晔：《论反垄断执法机构与行业监管机构的关系》，《中国经济时报》2006年8月14日。
10. 章志远：《行政复议困境的解决之道》，《中共长春市委党校学报》2008年2月第1期。
11. 胡建淼：《有关中国行政法理上的行政授权问题》，《行政法学》1994年第2期。
12. 杨临萍：《〈反垄断法〉司法审查的若干问题探讨》，《东方法学》2008年第3期。
13. 丁茂中：《论我国反垄断执法的司法审查标准》，《天水行政学院学报》2007年第6期。

14. 章剑生：《对违反法定程序的司法审查——以最高人民法院公布的典型案件（1985-2008）为例》，《法学研究》2009年第2期。
15. 朱新力、唐明良、葛宗萍：《行政诉讼异地交叉审判的启示》，《团结》2005年第3期。
16. 吕艳滨：《日本、韩国的行政复议制度——行政复议司法化的若干实例》，《环球法律评论》2004年第1期。
17. 李洪雷：《英国行政复议制度初论》，《环球法律评论》2004年春季号。
18. 傅郁林：《审级制度的建构原理——从民事程序视角的比较分析》，《中国社会科学》2002年第4期。
19. 肖建国：《民事诉讼级别管辖制度的重构》，《法律适用》2007年第6期。
20. 蔡德伦：《美国法上行政特权之研究——兼论我国法制与实务》，台湾大学2008年硕士论文。
21. 曾琬甯：《欧洲联盟与美国之商业争端研究——以微软反垄断案及跨界资料传达为例》，淡江大学2007年硕士论文。
22. 黄先雄：《司法谦抑论——以美国司法审查为中心》，湘潭大学2007年博士论文。
23. 孙晓璐：《欧盟企业合并控制中的司法审查制度研究》，对外经贸大学2008年硕士论文。
24. 王千华：《论欧洲法院的司法能动性》，北京大学1994年博士论文。

二 英文

（一）著作

1. *Black's Law Dictionary*, seventh edition.
2. Slot and Mcdonnell, *Procedure and Enforcement in EC and US Competition Law*, Sweet & Maxwell 1993.
3. Schermers and Waelbroeck, *Judicial Protection in the European Communities* (5th

edition), Kluwer 1991.

4. Einer Elhauge and Damien Geradin, *Global Competition Law and Economics*, Hart Publishing 2007.

5. Jo Shaw, *Law of the European Union*, Palgrave Publishers Ltd. 2000.

6. Ariel Ezrachi, *EC Competition Law: An Analytical Guide to the Leading Cases*, Hart Publishing 2008.

7. Andreas Mitschke, *The Influence of National Competition Policy on the International Competitiveness of Nations: A Contribution to the Debate on International Competition Rules*, Physica – Verlag 2008.

8. Utz Toepke, *EEC competition law : business issues and legal principles in Common Market antitrust cases*, New York : Wiley, 1982c.

9. Klaus J. Hopt, *European merger control*, New York : de Gruyter, 1982.

10. Jack C. High and Wayne E. Gable, *A Century of the Sherman Act : American Economic Opinion, 1890 – 1990*, George Mason Univerisity Press 1992.

11. John E. Kwoka, Jr. and Lawrence J. White, *The Antitrust Revolution*, Scott Foresman 1989c.

12. Mario Baldassarri and Luca Lambertini, *Antitrust, Regulation, and Competition*, Palgrave Macmillan 2003.

13. Herbert Hovenkamp, *The Antitrust Enterprise: Principle and Execution*, Harvard University Press 2005.

14. Roger D. Blair, David L. Kaserman, *Antitrust Economics*, Oxford University Press c2008.

15. Martina Kunnecke, *Tradition and Change in Administrative Law: An Anglo – German Comparison*, Springer – Verlag Berlin Heidelberg 2007.

16. P. P. Craig, *Administrative Law*, Sweet & Maxwell 1983.

17. S. H. Bailey, B. L. Jones and A. R. Mowbray, *Cases and Materials on Administrative Law* (3rd edition), Sweet & Maxwell 1997.

18. Carol Harlow and Richard Rawlings, *Law and Administration*, Weidenfeld and Nicolson 1984.

19. P. C. Jain, *Administrative Adjudication: A Comparative Study of France, UK,*

USA and India, Sterling Publishers Private Ltd. 1981.

20. Michael Harris and Martin Partington, *Administrative Justice in the 21st Century*, Hart Publishing 1999.

21. Wouter PJ Wils, *Principles of European Antitrust Enforcement*, Hart Publishing 2005.

22. Louis Ortiz Blanco, *EC Competition Procedure* (2nd edition), Oxford University Press 2006.

23. Dermot Cahill, *The Modernisation of EU Competition Law Enforcement in the EU (Fide 2004 National Reports)*, Cambridge University Press 2004.

24. Marc Van Der Woude and Christopher Jones, *EC Competition Law Handbook (2004/2005 edition, 2005/2006 edition, 2006/2007 edition, 2007/2008 edition)*, Sweet & Maxwell.

25. Inns of Court School of Law, *EC Competition Law in Practice*, Oxford University Press 2004.

26. Josef Drexl, *The Future of Transnational Antitrust——From Comparative to Common Competition Law*, Kluwer Law International 2003.

27. Dr. Wouter P. J. Wils, *Principles of European Antitrust Enforcement*, Hart Publishing 2005

28. Jonathan Faull and Ali Nikpay, *The EC Law of Competition*, Oxford University Press 1999. 11.

29. Colin Robinson, *Governments, Competition and Utility Regulation*, Edward Elgar Publishing Limited 2005.

30. *Procedural Aspects of EC Competition Law*, Slynn and Pappas 1995.

31. Kenneth F. Warren, *Administrative law in the political system*, Prentice Hall, 1996.

32. Stephen G. Breyer, Richard B. Stewart, Cass R. Sunstein and Matthew L. Spitzer, *Administrative Law and Regulatory Policy: Problems, Text, and Cases* (5th edition), 中信出版社（影印本）2003. 7。

33. Robert C. Casad, *Jurisdiction in Civil Actions* (2nd edition), Butterworth legal Publishers.

(二) 论文

1. Lee, Li Way, "Some Models of Antitrust Enforcement", *Southern Economic Journal*, July 1980.
2. Charles A. James, "Antitrust in the Early 21st Century: Core Values and Convergence", *The Program on Antitrust Policy in the 21st Century*, Brussels, Belgium, May 15, 2002.
3. R. Hewitt Pate, "Antitrust Law in the U. S. Supreme Court", presented at British Institute of International and Comparative Law Conference, London, England, May 11, 2004.
4. Dirk Lehmkuhl, "On Government, Governance and Judicial Review: The Case of European Competition Policy", *Journal of Public Policy*, Apr 2008. Vol. 28, Iss. 1.
5. "Competition Law in Courts", *OECD Journal of Competition Law and Policy*, Vol. 1, No. 1 (1999).
6. Janet McDavid and Corey Roush, "Antitrust law: What's the FTC up to?", *National Law Journal*, Vol. 22, Iss. 33.
7. Patrice Bougette and Stephane Turolla, "Market Structures, Political Surroundings, and Merger Remedies: and Empirical Investigation of the EC's Decision", *European Journal of Law and Economics*, Vol. 25, 2008.
8. Stefan Voigt, "The Economic Effects of Judicial Accountability: Cross–country Evidence", *European Journal of Law and Economics*, Vol. 25, 2008.
9. C. Mantzavinos, "The Institutional–evolutionary Antitrust Model", *European Journal of Law and Economics*, Vol. 22, 2006.
10. T. Randolph Beard, David L. Kaserman and Michael L. Stern, "Price Discrimination and Secondary–line Competitive Injury: the Law versus the Economics", *The Antitrust Bulletin*, Vol. 53 No. 1, 2008.
11. Wouter P. J. Wils, "Should Private Antitrust Enforcement Be Encouraged in Europe?", *World Competition*, Vol. 26 (3), 2003.
12. Kenneth C. Davis, "Administrative Common Law and the Vermont Yankee

Opinion", *Utah Law Review* (1980).

13. Magnus Gustafsson, "Some Legal Implications Facing the Realisation of the Commission White Paper on Modernisation of EC Antitrust Procedure and the Role of National Courts in a Post – White Paper Era", *Legal Issues of Economic Integration*, 2000, Vol. 27 (2).

14. Asa Erlandsson, "The Defendant's Right of Access to the Commission's File in Competition Cases", *European Business Law Program*, February 1998.

15. Peter H. A. Lehner, "Judicial Review of Administrative Inaction", *Columbia Law Review*, Vol. 83, No. 3 (Apr., 1983).

16. Clark Byse, "Vermont Yankee and the Evolution of Administrative Procedure: A Somewhat Different View", *Harvard Law Review*, Vol. 91, No. 8 (Jun., 1978).

17. Patricia M. Wald, "The 'New Administrative Law': With the Same Old Judges in It?", *Duke Law Journal*, Vol. 1991, No. 3, Twenty – Second Annual Administrative Law Issue (Jun., 1991).

18. Peter H. Schuck and E. Donald Elliott, "To the Chevron Station: An Empirical Study of Federal Administrative Law", *Duke Law Journal*, Vol. 1990, No. 5, Twenty – First Annual Administrative Law Issue (Nov., 1990).

19. Antonin Scalia, "Vermont Yankee: The APA, the D. C. Circuit, and the Supreme Court", *The Supreme Court Review*, Vol. 1978.

20. Abner S. Greene, "Adjudicative Retroactivity in Administrative Law", *The Supreme Court Review*, Vol. 1991.

21. Edward L. Rubin, "Due Process and the Administrative State", *California Law Review*, Vol. 72, No. 6 (Dec., 1984).

22. Marton Varju, "The Right to Effective Judicial Protection in the System of Judicial Review in the European Community", *Acta Juridica Hungarica* 44 nos. 1 – 2 (2003).

23. Michae Wise, "Competition Law and Policy in the European Union (2005)", *OECD Journal of Competition Law and Policy*, Vol. 9 No. 1 (2007).

24. Arianna Andreangeli, "Case T – 201/04, Microsoft v. Commission,

Judgement of the Grand Chamber of the Court of First Instance of 17 September 2007", *Common Market Law Review*, New York: June 2008. Vol. 45, Iss. 3.

25. Stephen Hornsby, "Judicial Review of Decisions of the UK Competition Authorities: Is the Applicant Bound to Fail?", *European Competition Law Review*, 1993.

26. Manuel Kellerbauer and Lukas Repa, "The Court of First Instance Upholds Two Decisions of the Hearing Officer Clarifying Important Procedural Questions in Antitrust Investigations", *European Competition Law Review*, Vol. 28 (5), May 2007.

27. Ilya Segal, "Public vs. Private Enforcement of Antitrust Law: A Survey", *European Competition Law Review*, Vol. 28 (5), May 2007.

28. Aidan Robertson, Maya Lester and Sarah Love, "Judicial Review in the United Kingdom of Competition and State Aid Decisions – Part 1", *European Competition Law Review*, Vol. 28, (10) 2007.

29. Francesco Rizzuto, "Parallel Competence and the Power of the EC Commission under Regulation 1/2003 According to the Court of First Instance", *European Competition Law Review* Vol. 29, (5) 2008.

30. Howarth and Mcmahon, "Windows Has Performed an Illegal Operation", *European Competition Law Review*, Vol. 29, (2) 2008.

31. "Trade Rules and Trade Conferences: The FTC and Business Attack Deceptive Practices, Unfair Competition, and Antitrust Violations", *The Yale Law Journal*, Vol. 62 (6), (May, 1953).

32. Dr. Gamze Oz, "The Role of Competition Authorities and Sectoral Regulators: Regional experiences", Submitted to UNCTAD's Seventh Session of the Intergovernmental Group of Experts on Competition Law and Policy, Geneva, 30 October to 2 November 2006.

33. Christopher Bellamy, "The Competition Regime in the UK", *Competition Law Today*, edited by Vinod Dhall, Oxford University Press 2007.

34. Susannah T. French, "Judicial Review of the Administrative Record in NE-

PA Litigation", *California Law Review*, Vol. 81, No. 4 (July., 1993).
35. Yves Montangie, "The Application of EU Competition Law by the Belgian Competition Authorities and Judges: Is Belgium Prepared for the 'New Regime'?", *The Competition Law Review*, Vol. 1, Issue 1, 2004.
36. Georg Berrisch and David Hull, "Judicial Review in Competition Cases", *PLC Cross - border Competition Handbook*, 2005/2006, Vol. 1.

后　记

2007年，我博士入学，适逢我国《反垄断法》出台，出于对自由市场机制的推崇，我非常关注这部经济宪法的制定和实施。《反垄断法》出台之后，经济法学界围绕垄断协议、滥用市场支配地位、经营者集中三个方面进行了深入研究，从事市场监管研究的行政法学者也倾注大量精力研究反垄断执法机构的设置，但是很少有学者从司法角度关注如何对反垄断执法行为进行审查以及对被调查者权利的救济。在和导师商议之后，我决定把反垄断法与行政诉讼制度衔接起来，从管辖法院的确定这样一个具体问题切入，将反垄断法的实施模式以及行政诉讼管辖制度作为博士期间的研究主题。

从事宪法学与行政法学研究，我并没有沉溺于公法领域的宏大叙事，而自觉地走上这样一条道路：带有强烈的问题意识，立足我国法治实践，围绕具体问题展开。相应的，确定以反垄断司法审查的法院管辖为起点，以小见大，对反垄断行政执法体制、司法管辖、行政授权、反垄断复议机关的重构以及监管机构与竞争机构的关系等行政法学领域内的重大问题进行重点论述。以反垄断复议机关的重构为例，有必要参照专利复审委员会，将反垄断委员会改造为专门的复议机关，这样既可以实现反垄断委员会"虚实结合"，又可以通过专业的复议机关对反垄断事实部分进行复审，让审查法院能够集中精力进行法律审。

窃以为，全球化背景下的中国法治问题研究，既要立足中国国情与中国实践，也要具有宏大背景与全球视野。正如本书所言，域外反垄断司法审查管辖异常复杂。整体上看，反垄断司法审查管辖法院类型多样，涉及普通法院（如美国）、行政法院（如我国的台湾）和专门法院（如英国）等不同的法院类型，甚至同一个国家内部存在两种类型的管辖法院（如法国的巴黎上诉法院和行政法院）。就个体而言，许多国家的反垄断司法审查管辖相对于本国司法审查管辖制度具有鲜明特点：德国的行政法院闻名遐迩，但是德国的反垄断行政案件却由普通法院管辖；日本实行司法一元化，但反垄断行政案件由东京高等法院专属管辖；在韩国，行政诉讼案件通常由行政法院管辖，首尔高等法院作为上诉法院，而韩国公平交易委员会的决定则直接由首尔高等法院进行司法审查；法国反垄断司法审查管辖实行双轨制，不同类型的反垄断案件，分别由普通上诉法院和行政法院管辖。针对上述种种复杂情况，《反垄断司法审查的管辖》一书将域外反垄断司法审查管辖归纳提炼为三种模式，即普通法院上诉审模式、行政法院模式和专门法院模式，并对三种模式进行比较研究，分析其背后的成因，归纳出可资借鉴的域外经验。

从事司法制度研究，不仅要有较强的问题意识和全球视野，还要对当下所进行的司法改革的价值取向作出判断。研究司法制度的具体问题本应该在司法独立的前提和语境下展开，但是由于我国司法实践中还存在行政权的强势干预，行政诉讼管辖制度研究都集中在了"如何摆脱法外干预"上，而未抓住问题的本质。行政诉讼管辖研究应从行政案件的专业性以及是否涉及对案件事实问题的审查等方面展开。《反垄断司法审查的管辖》进一步指出，唯有继续推进以保障司法独立为导向的司法改革，构建独立的司法体制，我们所做的具体制度的研究才能更接近问题的本质。

《反垄断司法审查的管辖》是根据我的博士论文改写而成。在我写作的过程中，导师张明杰教授悉心指导，严格把关，大到谋篇布局，小至标点符号，并提醒我在学术写作中保持理性与思辨，切忌乱下妄语。感谢周汉华教授，从题目遴选，到提纲拟定，再到全文修订，均得到周老师的悉心指导。感谢张庆福教授、李林教授、冯军教授、莫纪宏教授在论文开题过程中的点拨，这些点拨，往往让我有茅塞顿开之感。感谢田禾教授、吕艳滨副教授对本书的撰写和出版给予的指导和帮助。感谢法学所的各位领导、老师和同事，让我能够在愉快宽松的氛围中学习、工作和生活。感谢中国社会科学院对本书的资助。特别感谢社会科学文献出版社刘骁军编辑的帮助，本书得以顺利出版得益于刘老师的无私帮助。

图书在版编目(CIP)数据

反垄断司法审查的管辖/王小梅著.—北京：社会科学文献出版社，2013.6
 ISBN 978-7-5097-4751-3

Ⅰ.①反… Ⅱ.①王… Ⅲ.①反垄断法-司法监督-研究-中国 Ⅳ.①D922.294.4

中国版本图书馆 CIP 数据核字（2013）第 127790 号

反垄断司法审查的管辖

著　　者 / 王小梅

出 版 人 / 谢寿光
出 版 者 / 社会科学文献出版社
地　　址 / 北京市西城区北三环中路甲 29 号院 3 号楼华龙大厦
邮政编码 / 100029

责任部门 / 社会政法分社 （010） 59367226　　责任编辑 / 刘骁军
电子信箱 / shekebu@ssap.cn　　　　　　　　责任校对 / 杨　楠
项目统筹 / 刘骁军　　　　　　　　　　　　　责任印制 / 岳　阳
经　　销 / 社会科学文献出版社市场营销中心 （010） 59367081　59367089
读者服务 / 读者服务中心 （010） 59367028

印　　装 / 三河市尚艺印装有限公司
开　　本 / 787mm×1092mm　1/16　　　印　张 / 11.25
版　　次 / 2013 年 6 月第 1 版　　　　　字　数 / 175 千字
印　　次 / 2013 年 6 月第 1 次印刷
书　　号 / ISBN 978-7-5097-4751-3
定　　价 / 39.00 元

本书如有破损、缺页、装订错误，请与本社读者服务中心联系更换
△ 版权所有　翻印必究